清史 原来很有趣

中国历史超好看

清史
原来很有趣

袁恒毅◎主编　栗臣武◎编著

中国华侨出版社
北京

图书在版编目（CIP）数据

清史原来很有趣 / 栗臣武编著. —北京：中国华侨出版社，2020.7（2021.9重印）
（中国历史超好看 / 袁恒毅主编；8）
ISBN 978-7-5113-8219-1

Ⅰ.①清… Ⅱ.①栗… Ⅲ.①中国历史－清代－通俗读物 Ⅳ.①K249.09

中国版本图书馆CIP数据核字（2020）第100281号

清史原来很有趣

主　　编：袁恒毅
编　　著：栗臣武
责任编辑：黄　威
封面设计：阳春白雪
文字编辑：张亚明
美术编辑：宇　枫
经　　销：新华书店
开　　本：645毫米×920毫米　1/16　印张：10　字数：105千字
印　　刷：唐山楠萍印务有限公司
版　　次：2020年7月第1版　2021年9月第3次印刷
书　　号：ISBN 978-7-5113-8219-1
定　　价：228.00元（全8册）

中国华侨出版社　北京市朝阳区西坝河东里77号楼底商5号　邮编：100028
发 行 部：（010）88866779　　　传　真：（010）88877396

如发现印装质量问题，影响阅读，请与印刷厂联系调换。

前言

　　历史是一面鉴古知今的镜子，也是提供知识给养的文化食粮。尤其是对广大青少年而言，读史不仅是积累知识的有效方法，也是提升语文写作能力的重要途径，更是积淀良好文化素养的成功之道。作为优秀的历史读物，《中国历史超好看》将为青少年开启新的阅读视野……清朝，是我们此时阅读之旅的第八站。

　　清朝是中国历史上第二个也是最后一个由少数民族入主中原并建立的大一统政权，是中国历史上封建君主专制王朝中的最后一个，历经十三朝十二帝，其统治中国近300年。300年间，有金戈铁马、王朝霸业，也有乱世奢豪、阉宦壮行。这一时期，统治者开疆拓土，巩固了中国多民族国家的统一，奠定了现代中国版图的基础，鼎盛时领土达1300万平方公里，疆域西跨葱岭，西北达巴尔喀什湖，北接西伯利亚，东北至黑龙江以北的外兴安岭和库页岛，东临太平洋，东南到台湾及附属岛屿钓鱼岛、赤尾屿等，南至南海诸岛。

　　这一时期，发生了或正史记载的，或民间流传的，或众说不一的，或争论不休的一系列故事：改朝换代的血腥战争，尔虞我诈的宫廷竞争，空前绝后的开疆扩土，思想文化的钳制，此起彼伏的农民起义，西方列强的侵略压迫，开明人士的救亡图存，异域文化的西学东渐，维新人士的改良尝试……达到了封建王朝的最高顶峰，却也成为2000多年来中国专制帝制统治的最后终结。

　　走进清史，我们看到了一个帝国由兴而衰、由盛而亡的背后故事——骨肉相残之痛、权宦迭起之恨、奸贼横行之怒、太平天国之殇，加之朝堂上纷纷扰扰的派系之争、虎视眈眈的强敌，曾经的锦绣河山终被弄得一败涂地，可悲可叹。

全书将整个大清王朝近300年的历史，分为"天朝上国初长成""跃马中原，扶摇直上""夕阳残照——在残败家园被辱的岁月"三个阶段，从努尔哈赤崛起于东北写起，从跃马中原到驰骋天下，从统一全国到丧权辱国、宣统退位出宫，记述了大清王朝近300年的历史史实，再现了清朝数百年间的各种风云际会，涵盖了政治、经济、军事、文化、科技、宗教、法制、外交等领域的历史大事和兴亡嬗变。

本书以正史为蓝本，注重还原真实历史，为青少年梳理构建完整的历史脉络和框架。全书语言通俗易懂、生动有趣，故事精彩纷呈、博人眼球，让青少年花最少的时间轻松读历史，从而培养他们对历史的浓厚兴趣。通过精彩的人物事迹和历史故事，也能提升青少年的历史知识，开阔他们的视野，奠定他们受用一生的历史文化基石。

此刻，让我们一同走进清朝的过往，一起去透过历史迷雾，还原历史真相吧！

目 录

第一卷 天朝上国初长成

第一章 从奴隶到大汗,努尔哈赤的奠基路 ………… 2
爱新觉罗氏的始祖传 ………………………………… 2
寄人篱下受人欺 ……………………………………… 5
闪击图伦,首战告捷 ………………………………… 8
出来混,总归是要还的 ……………………………… 10
因美女而灭的九部联盟 ……………………………… 13

第二章 后金崛起,只玩真的不忽悠 ……………… 17
七恨告天,师出有名 ………………………………… 17
凭你几路来,我只一路去 …………………………… 20
迁都辽阳,紧逼大明 ………………………………… 24
努尔哈赤的最后一战 ………………………………… 26

第三章 皇太极:聪明的"伐木人" ……………… 31
伐木丁丁夺皇位 ……………………………………… 31
欲擒故纵除隐患 ……………………………………… 35

第四章 崇祯：有心无力的帝王······39
年轻新帝有心机 ················ 39
无业"草根"闯京城 ············· 43

第五章 轮番上场唱主角··············45
君王有罪无人问 ················ 45
左手借兵剿匪，右手开门揖清 ····· 48
女人也有狠手段 ················ 51

第二卷 跃马中原，扶摇直上

第一章 忍辱负重，少年皇帝不简单······56
康熙登基另有推手 ··············· 56
十天还完八年受的气 ············· 58

第二章 平三藩，复台湾，定边疆······61
想造反，要你好看 ··············· 61
敬酒不吃吃罚酒 ················ 64
纯属正当防卫 ·················· 67

第三章 雍正：承上启下的过渡者······71
父皇驾崩永远有说头 ············· 71
皇帝加班，谁敢偷懒 ············· 75

第四章 康乾盛世不安稳············78
侄子反叔叔 ···················· 78

最后的安稳民生 …………………………………… 82

第五章 有心无力的嘉庆 …………………………… 86
前任挖坑，后任难平 ………………………………… 86
死的心有不甘 ………………………………………… 88

第三卷 夕阳残照——在残败家园被辱的岁月

第一章 落魄挨打奈何天 …………………………… 92
鸦片贩子的克星 ……………………………………… 92
遮羞破布化炮灰 ……………………………………… 95
到梦醒的时候了 ……………………………………… 99

第二章 太平城的太平军 …………………………… 101
残疾君王有妙计 ……………………………………… 101
自欺欺人大同梦 ……………………………………… 103
天王梦碎了 …………………………………………… 105

第三章 签到手软的各色条约 ……………………… 109
中国商船，一个入侵的借口 ………………………… 109
《天津条约》的签订 ………………………………… 111
可惜了那园子 ………………………………………… 114

第四章 清末"女皇"慈禧 ………………………… 117
牝鸡司晨 ……………………………………………… 117
暗箱操作清末政治 …………………………………… 120

第五章　洋务运动：未富未强先破产……………… 123
洋务运动的兴起 ……………………………………… 123
技术立国，学皮毛 …………………………………… 132

第六章　大清帝国最后的岁月 …………………… 135
一团散沙，义和团神话的破灭 ……………………… 135
八国联军夺北京 ……………………………………… 138

第七章　封建挽歌，新世界崛起 ………………… 141
一语成谶，大势已去 ………………………………… 141
大清掘墓人 …………………………………………… 144
惨淡谢幕 ……………………………………………… 147

第一卷
天朝上国初长成

第一章

从奴隶到大汗，努尔哈赤的奠基路

爱新觉罗氏的始祖传

明嘉靖三十八年（1559年），建州左卫苏克素护部赫图阿拉城（后改称兴京，今辽宁省抚顺市新宾县）中传来一声新生儿响亮的哭声，他的父亲、大明建州左卫指挥爱新觉罗·塔克世为自己的第一个儿子取名努尔哈赤。

在满语里，努尔哈赤为"野猪皮"之意。虽然这个名字不怎么雅，但也能看出爱新觉罗家族那种剽悍的性格。爱新觉罗为"像金子般高贵神圣的觉罗族"之意，"爱新"意为"金子"，"觉罗"是地名，在今天黑龙江省依兰一带，是清太祖努尔哈赤祖先最早居住的地方。

作为一朝的开国之君，努尔哈赤的祖先自然也要找个有头有脸的人物。然而，祖辈生活在辽东地区的爱新觉罗氏为满族（满族旧称为满洲族，辛亥革命之后方才改称为满族），不像汉民族那样历史悠久，名人辈出，不愁认一个强大点的祖宗。满族人的前身是女真，女真的前身是黑水靺鞨，靺鞨再往前推，推到头也不过是夏商周时期的肃慎。加之在努尔哈赤之前，满族人并没有自己的文字，无法证明祖上曾经出过声名显赫的人物。清王朝又是取代了汉民族的王朝而建立，没法像李唐那样借光。思来想去，还是要从民间传说入手，去寻找一个能够让后人信服、能够赢得后人崇敬的祖先。这便是民间传说中诞生于长白山上的清始祖爱新觉罗·布库里雍顺。

很久以前，东北长白山上有一座布库里山，山上有一个湖泊，叫布勒瑚里湖。也不知是何年何月，天宫里的恩古伦、正古伦、佛库伦三位仙女突然心血来潮，想要到凡间去玩玩。于是，她们想办法躲过了天庭守卫的法眼，偷偷溜到人间，来到布勒瑚里湖畔。

湖水分外清冽晶莹，对三个终日闷在天庭的仙女有着莫大的吸引力。合计一番，她们决定在湖里先洗个澡。

正在三位仙女玩得开心之时，一只喜鹊飞了过来，在三仙女中最小的佛库伦头上久久盘旋。佛库伦感到很奇怪，伸出手去想要摸摸这只看起来十分可爱的喜鹊。但没想到，喜鹊将口中衔着的一枚朱果吐到了她的手中，随后长鸣而去。

喜鹊留下来的这枚朱果色泽红艳，散发着一股诱人的香气，让佛库伦爱不释手。见两位姐姐有穿衣服离开的意思，就忙把朱果放在嘴里，匆忙着衣。忙中出错，佛库伦一不留神把果子囫囵吞进肚里。没过多大一会儿，佛库伦便感到有小腹下坠的异状，心知自己这是怀孕了。当两位姐姐要飞走时，自己的身体却沉重不堪，无法驾云飞升。

两位姐姐得知事情的来龙去脉之后，安慰她道："我们早已长生不老，时间的流逝对我们来说没什么意义。你就在这里把孩子生下来，等身子轻了再飞回去也来得及。"

就这样，佛库伦独自一人留在了布库里山上。

没过多久，一个长相奇异的男孩呱呱落地，生下来就会说话，迎风就长，没用多长时间便长大成人。佛库伦给他起了个名字：爱新觉罗·布库里雍顺，将自己的身世和他的诞生经过详细地讲与他听，并告诉他："你是上天安排出生的人，你的使命就是平息天下的战乱。现在，你沿着这条溪水一直往下游，那里有你成名立业的地方。"说完这番话，佛库伦便消失不见了。

布库里雍顺划着母亲留下来的一叶独木舟，顺流而下，来到长白山东南一个叫鄂谟辉的地方，在溪水边用柳枝和野蒿搭起一座窝棚，暂时居住了下来。

在布库里雍顺居住的地方，有一座鄂多理城，也就是今天的吉林省敦化市。城里有三姓人家，各以姓为派别，形成三派，终日里为了争夺鄂多理城的控制权而打个不休。但三家实力差不多，谁也没本事把另外两家吃掉，更不甘心就此沦为人后。是故，这座小小的城里终日上演着刀光剑影的闹剧。

一日，城中有人去提水，发现溪边起了一座窝棚。那个时候交通极为不便，陌生人很少见，所以他很是惊讶。走近一看，见里面住着个相貌奇异、举止不凡的年轻人——布库里雍顺。

当下，布库里雍顺向来者介绍了自己，也将自己的使命告知。来者一听，满心欢喜，连忙奔回城里，找到仍在械斗的三家首领，将情况一一讲明，并说："我想他会公平解决我们之间的争斗的，为什么不去问问他呢？"三家首领听罢，又惊又喜，忙率一干人等来到了布库里雍顺的窝棚前。

见到布库里雍顺后，三家首领一商议，决定结束三家争斗，让这个上天派下来的使者担任城中领袖。众人用手臂结成人轿，抬起布库里雍顺，浩浩荡荡地走回城中。

从此以后，布库里雍顺便成了鄂多理城之主，娶了城中如花似玉的百里氏之女为妻。鄂多理城终于迎来了安定、平静的日子。

然而好景不长。布库里雍顺死后没过几代人，鄂多理城再次陷入危机之中。一次极大的叛乱，布库里雍顺的子孙几乎被斩杀殆尽，只有一个名叫樊察的小男孩逃了出来。当他逃到荒野上时，身后的追兵越来越近，眼见就要束手就擒，突然几只乌鸦落在他的肩膀上，追兵误以为樊察是一段枯树，从他的身边跑了过去。就这样，樊察才侥幸逃脱，将爱新觉罗氏的唯一血脉传了下去。

不管怎么说，传说中的清朝肇始算是出现了。自从樊察将那条唯一的血脉传下来之后，直到努尔哈赤身上，才算是让爱新觉罗这个姓氏找到了"金子般的高贵与神圣"。

寄人篱下受人欺

明万历元年（1573年），明抚顺游击裴承祖带着数十个随从来到建州右部都指挥使王杲（满语名为喜塔喇氏·阿突罕）的古勒城（今辽宁新宾）中。裴承祖叹了一口气，义无反顾地走了进去。

裴承祖此行是来向王杲讨要被绑架的大明人质的。说来话长，大明王朝在辽东采用的是对女真人进行分而治之的政策，一方面以海西女真哈达部贝勒王台压制建州王杲，却又并不正式向王杲授以官职。这就引起了王杲对朝廷的极大不满，经常纵容部落之人抢掠汉族人牲畜。

1570年，朝廷为了息事宁人，特意在抚顺城设立抚夷厅，在周边地区开辟贸易，"自此开原以南，抚顺、清河、瑷阳、宽甸，皆有市场，奉明约束"（明·陈建·《皇明从信录》卷三十三），让王杲以马换钱，想要借此来让王杲安分些，哪怕王杲经常用羸弱不堪的瘦马、病马来充当"贡马"，朝廷也忍气吞声，用高价收购。但王杲并不领情，抚夷厅内，索酒抢酒，每喝必醉，酒醉之后又大肆闹事，抚夷厅的明朝官员也不敢管，只得任他骂街耍酒疯。曾经有一个新上任的边官贾汝翼坚持要察看王杲带来的"贡马"质量，王杲大为不满，怀恨而去。不久便再次对汉族人进行掠夺。软弱的明朝廷不仅没有采取有效的反击措施，反而撤掉了贾汝翼的职务。这样一来，王杲更加有恃无恐。

两年之后的秋天，王杲部将来力红属下奈尔秃等四人入关降明。来力红前来索人时，被抚顺的裴承祖拒绝。虽然裴承祖后来在朝廷的施压下将奈尔秃等人送了回去，但来力红仍旧恨之入骨，并出兵攻入抚顺城，率人掠去明军五人。对此，右金都御史巡抚辽东张学颜上奏朝廷："汝翼却杲馈遗，惩其违抗，实伸国威。苟缘此罢斥，是进退边将皆敌主之矣。臣谓宜谕王杲，送还俘掠。否则调兵剿杀，无事姑息以畜祸。"（民国·孟森·《清朝前纪》卷九）

这番措辞极为强硬，而朝廷则以此宣谕王杲，敦促其放人。然而王杲并没有把这份旨意放在眼里，依旧我行我素。裴承祖这才不得不"单刀赴会"。

同样是向对方索要俘虏，王杲的部将来力红好歹是全身而退，裴承祖并没难为他；而裴承祖此番来向王杲要人，却等于自闯地狱。

王杲不仅没有将五个被俘的明军士兵还与裴承祖，反而将这个送上门来的冤家剖腹剜心处死，裴承祖所带来的数十名随从也无一幸免，尽皆命丧辽东。

忍无可忍已无须再忍。朝廷对王杲所作所为的忍耐已到了极限，青蘋之末的微风迅速化为逆转宇宙的狂飙，战争一触即发。

明万历二年，辽东都督佥事李成梁率领六万大军奉旨征讨王杲部落。除前因外，李成梁又声称王杲"负不赏之功，宁远相其为人，有反状，忌之"（清·黄道周·《博物典汇·清建国别记》）。李成梁乃一员名将，善于用兵。即使王杲采用"深沟坚垒以自固"（《明史·李成梁传》）的防御手段，坚守古勒城，依然没有挡住李成梁的一把大火，全军覆没。王杲运用李代桃僵之计，带着一干家眷侥幸逃脱，向蒙古方向狂奔而去。

古勒城破之时，李成梁部本已斩首1104名女真人，但李成梁在对一个16岁的少年挥刀时，却把手垂了下来。这个少年就是努尔哈赤。

王杲是努尔哈赤的外祖父。10岁的时候，努尔哈赤三兄弟不受继母待见，父亲便将哥仨送到王杲部做人质。按说都是血脉至亲，外孙子的到来应当是给老爷子增添天伦之乐的，但努尔哈赤之父、大明建州左卫指挥塔克世当时是明朝的官，与王杲这个部落首领正是对头，因此翁婿两人闹得很僵，王杲也就迁怒于外孙子，将自己的这几条血脉看成奴隶。

虽然努尔哈赤在外公家是奴隶，但好歹也是个落脚之处，不致无家可归。然而古勒城一战，王杲部落彻底覆灭，努尔哈赤再次陷入孤苦无依的境地。眼见李成梁对自己动了杀心，努尔哈赤连忙跪倒于地，抱住李成梁所骑战马的腿，放声大哭，再三请死。

如果努尔哈赤不去痛哭请死，李成梁一定是要斩草除根的；结果他请杀之言一出口，李成梁反倒于心不忍了。动了恻隐之心的李成梁偏腿下马，"怜之，不杀，留帐下卵翼如养子"（明·姚希孟·《建夷授官始末》），把努尔哈赤带到抚顺城中。

努尔哈赤的以退为进之术，保全了自己的性命，投身李成梁后，因"身长八尺，智力过人，隶成梁标下。每战必先登，屡立功，成梁厚待之"（明·管葛山人·《山中见闻录》），不可不谓塞翁失马。

一天，李成梁的爱妾在给他洗脚的时候，发现了李成梁脚底板上有三颗黑痣，很惊讶。李成梁得意地说："这三颗黑痣可是富贵之兆。正是因为有了它，我才能当上如此大的官。"

他的小妾若有所思："那脚心上长了七颗红痣的又有什么福分呢？咱家小罕（努尔哈赤的昵称）的脚底板就有七颗红痣呢。"

李成梁听后大惊失色，几乎将洗脚盆踢翻：脚心长七颗红痣乃是天子之象，这个"野猪皮"表面上看来倒还本分，可没想到他脚底下踩着的竟是这么大的一座火山！前不久朝廷传来一道密旨，称据观天象，紫微星下凡，东北方有天子之气，着李成梁秘密查访，一有消息，即刻逮捕。

李成梁当下主意拿定，也不声张，而是命令下人连夜打造囚笼，准备天一亮就将努尔哈赤押解上京。

李成梁的小妾虽然不明白怎么回事，但善于察言观色的她见李成梁脸色有异，忽怒忽喜，再喜再怒，心知定会跟自己刚才说的话有关。平日里她与努尔哈赤的关系不错，见此情形，顿感后悔，于是偷来了李成梁的令箭，趁着夜色，跑到了努尔哈赤的卧室，告诉努尔哈赤李成梁要对他下手，让他赶紧跑，能跑多远跑多远。

努尔哈赤手持令箭，骑上一直伴随他的一匹青马，冲出李府，冲进了茫茫的夜色中。

闪击图伦，首战告捷

京师，紫禁城。

万历皇帝朱翊钧面前的龙案上摆放着两份奏折，一份让人感到兴奋，那是李成梁上奏剿灭辽东大患阿台部的捷报；另一份则让人感到头疼，同样是李成梁所奏，却是因古勒城一战，属于明军一方的觉昌安和塔克世被杀，其后代努尔哈赤向明朝廷索要赔偿的奏折。

以明廷眼下的国力，向努尔哈赤做赔偿只不过是九牛一毛而已。当时大明内阁首辅张居正刚刚辞世不久，明王朝的下坡路还没那么明显，国家实力仍在，真要是赔偿并不是什么大不了的事。然而，以天朝上国之身份向辽东的"化外之民"做赔偿实在是好说不好听。若是置之不理，谁又会知道那些人会闹出多大的乱子来。万历皇帝左右为难，干脆把这事交给新上任不久的内阁首辅申时行。

申时行不是张居正，他没有前任乾纲独断的魄力，也没有雷厉风行的勇气。为了保证边疆的稳定，申时行起草了一份兼顾双方的奏折，请皇上准奏。万历皇帝觉得申时行的主意不错，就痛快地下诏给"债主"努尔哈赤了。

其实努尔哈赤并不指望朝廷会对其祖、父之死做出什么赔偿。对大明王朝来说，一个小小的建州左卫指挥，哪怕是父子两条性命，朝廷也不会在意。他们虽然做的是大明的官，但还有另一个身份，那就是建州女真的部落首领，这种身份才是为大明王朝所忌讳的。王杲、阿台都是明摆着的例子。即使没有犯边的意思，朝廷也会严加防范。

祖、父之仇自然要报，但自己的实力远远不够，强大如阿台者也没有抵挡住明军的刀锋，因此伺机而动才是道理。他之所以向明朝索赔，实质上是在向朝廷表态：我努尔哈赤是朝廷的人。朝廷希望女真人自相残杀，以免势力坐大，那我就自相残杀给你们看看。而这背后，则需要朝廷的支持。在朝廷颁给努尔哈赤的圣旨中，他见到了这个希望。"明覆曰：汝祖、父实是误杀，遂以尸还，仍与敕书三十道，马

三十匹，复给都督敕书。"（《满洲实录》）

归还遗体，30道敕书，30匹马，这就是觉昌安和塔克世两条性命换来的"国家赔偿"。马对于辽东地区来说并不是什么稀罕物，这些赔偿中，最值钱的就是敕书。

在明代，敕书是明朝政府发给女真各部酋长的一种换信。女真各部酋长凭此敕书，才可以到马市进行商品交易活动。到了万历年间，只有敕书持有者才能入京朝贡贸易，发放的敕书数就是朝贡的限额，朝贡贸易由此真正成为敕书贸易。明代的敕书几乎是一次性发放，因此属于稀罕物。最初发放时，建州女真总共才500道（海西女真有1000道），这次一下子给了努尔哈赤30道敕书，无异于给其部落一个生财之道，一个以辽东特产换钱、壮大自己的机会。

虽然朝廷已经用"误杀"一词来解释觉昌安和塔克世之死，也算是做出了很有"诚意"的赔偿，但这并不能消除努尔哈赤的复仇之心，因为复仇之外，他还有更大的野心。复仇，仅仅是他的第一步。

第一步向谁复仇？目标自然不可能是明朝。努尔哈赤现在的全部家当只有30匹马、一个龙虎将军的虚衔，外加父亲塔克世留下来的13副盔甲，用这点装备对明朝宣战，无异于以卵击石。于是，他将报复的目标最先锁定在炸开古勒城门的女真族图伦城城主尼堪外兰身上。

最初，努尔哈赤希望借明军的力量来处置尼堪外兰，曾对明军边将说："杀我祖、父者实尼堪外兰唆使之也，但执此人与我，即甘心焉。"然而边将则称："尔祖、父之死，因我兵误杀故，以敕书马匹与汝，又赐以都督敕书，事已毕矣。今复如是，吾即助尼堪外兰筑城于嘉班，令为尔满洲国主。"（清·佚名·《满洲实录》）话说得很不客气，并且警告努尔哈赤：尼堪外兰即将是满洲的领导，你努尔哈赤也不过是他的一个子民罢了。

努尔哈赤气急败坏地往回走，途中偏又遇到了尼堪外兰这个冤家，于是上前质问。最终，不但对尼堪外兰的质问没有得到结果，反而被其奚落了一顿。这下更加深了努尔哈赤对尼堪外兰的仇恨。回到其地,努尔哈赤联合沾河寨主常书等百余人,加上自己的30来人,于万历十一年(1583年)四月三十日晚向尼堪外兰所据的图伦城(今辽宁省新宾县汤图)发起了进攻。

努尔哈赤轻骑直进,直扑图伦。次日东方未明之时,已将图伦城围了个水泄不通。

见图伦城内的人已是插翅难飞,努尔哈赤吹响了攻城的号角。努尔哈赤的部下,与之自小长大的安费扬古一马当先,率一部人马在城墙之下搭成一道人梯,安费扬古顺着人梯一跃而上,数个守城的兵丁顿时倒在了他的刀下,余人纷纷跃上城头,一番血战之后终于将城门由内打开。在城外早已等得急不可耐的努尔哈赤,见城门洞开,立刻率领部下蜂拥而入。猛烈的攻击持续了不到一刻钟,便以图伦城守兵弃械投降而告终。

此役,努尔哈赤"得甲三十副,兵百人以归"(民国·汉史氏·《满清兴亡史》),取得了起兵之后的第一场大捷,但尼堪外兰跑了。

在起兵之前,努尔哈赤曾密会了萨尔浒城城主诺密纳兄弟,并得到他们派兵相助的承诺,然而正式发起进攻时,却不见诺密纳兄弟的身影。出兵心切,努尔哈赤当时也未作他想。

如此机密的行动却被尼堪外兰事先得知了消息,是谁告的密?不言而喻。

当努尔哈赤尚在路上行军时,尼堪外兰已经带领家眷偷偷地溜出了图伦城,逃往嘉班城(今辽宁省抚顺市东大甲邦),努尔哈赤派弟弟舒尔哈齐直扑嘉班,尼堪外兰又仓皇向鹅尔浑(今辽宁省抚顺县河口台)狂奔而去,躲过了这一劫。

出来混,总归是要还的

抚顺城,如往日一般平静。但在抚顺守将裴松的眼里,风平浪静下翻滚着的是惊涛骇浪。掀起这个涛浪的不是别人,正是在他眼前唉声叹气着的尼堪外兰。

对尼堪外兰来说，抚顺城已是他最后的屏障。努尔哈赤闪击图伦之后，尼堪外兰便如丧家之犬，四处奔波逃命。他先是跑到了嘉班，结果舒尔哈齐紧跟着尼堪外兰追击到了嘉班。无奈的尼堪外兰又跑到鹅尔浑，靠着明军的保护才勉强过了几年安稳的日子（另有一说称尼堪外兰曾一路跑到了今天的黑龙江省齐齐哈尔城南地区）。

努尔哈赤岂会因此而善罢甘休？杀父之仇不共戴天，虽然明军对尼堪外兰大加袒护，但努尔哈赤哪里会将其放在眼里？报仇事小，以此为契机奠定一统辽东的基础才是大事。尼堪外兰是朝廷钦命的满洲之主，唯有取而代之才有一呼百应的机会。虽然现在的他也算是一方霸主，但尼堪外兰一天不死，他就无法在这个位子上坐得安稳。这次，努尔哈赤的大军终于攻破鹅尔浑城，又岂能再让仇家逃出生天？

攻城之战中，努尔哈赤身先士卒，突入战阵，"为首一人穿青绵甲，戴毡帽，太祖（努尔哈赤）见之，疑是尼堪外兰，单身直入40人中，内一人箭射太祖胸旁，从肩后露镞，共中伤30处。太祖不怯，犹奋勇射死八人，复斩一人，余众皆散。"（清·鄂尔泰·《清太祖武皇帝实录》）

然而，尼堪外兰还是在乱军之中跑了，跑进明军的抚顺大营，请求抚顺守将裴松给予庇护。

裴松望着因惊恐而瑟瑟发抖的尼堪外兰，轻叹一声，心里感到好笑，但又有些可怜这个家伙。

塔克世死后，尼堪外兰本来是明廷要重点扶持的对象，然而就是这样一个堂堂的部落首领，却被一个只有13副铠甲的努尔哈赤打得狼狈不堪。再加上尼堪外兰依附明朝，在女真部落里的口碑极差，古勒城之战后，努尔哈赤又大肆宣扬尼堪外兰对女真的背叛之举，更使这位依赖于明朝的女真首领的声望一落千丈。努尔哈赤仅用百余兵力便将图伦城攻克、尼堪外兰事前得到消息却也无援来救便是明证。虽然当时的各个部落不愿意帮努尔哈赤，但对尼堪外兰也是嗤之以鼻，就乐得做个坐山观虎斗的看客。对于这样的尼堪外兰，明朝还有什么继续保护、扶持的必要？

已经失去了利用价值的尼堪外兰，在明朝的眼里，不过是一个累赘罢了。如何甩掉这个包袱，正是现在的裴松为之挠头的。

正在裴松想辙的时候，六名身上深深插着箭镞的汉族人跌跌撞撞地冲进了抚顺军营。这六人本已在乱战中中箭，被努尔哈赤所擒，"太祖复深入其箭，令带箭往南朝传信：'可将仇人尼堪外兰送来，不然我必征汝矣。'"（清·鄂尔泰·《清太祖武皇帝实录》）

裴松心里明白这只不过是努尔哈赤的大话罢了，以努尔哈赤现在的实力，还没有胆量跟大明王朝叫板。由于东南沿海的倭寇尚未肃清，朝廷方面现在也不想把过多的战力投入辽东，因此，对努尔哈赤的这种专横跋扈，还是息事宁人的好，也正好摆脱了尼堪外兰这个累赘。

不过，如果直接把尼堪外兰绑起来给努尔哈赤送去，朝廷的颜面又将何存？裴松躲开尼堪外兰，派人给努尔哈赤送去一个口信："尼堪外兰既然来了这里，岂有送出去的道理？你自己来杀他吧。"

努尔哈赤听了这话之后又惊又喜，但又不敢相信："汝言不足信，莫非诱我入耶？"从使者口中得到的答复是："若不亲往，可少遣兵去，即将尼堪外兰与汝。"

努尔哈赤虽然很想手刃仇人，但也不敢跟明朝兵戈相见，更不敢轻身犯险，最后派部将斋萨（另有一说是安费扬古）率40余人前往一探真相。

裴松派走了使者，回过头来对尼堪外兰说："我已经让努尔哈赤撤军了，鹅尔浑城还是你的，收拾收拾东西回家去吧。"

尼堪外兰将信将疑，但也不敢多说什么，只得战战兢兢地走出了抚顺城门。

刚刚走出城门，他便看到虎视眈眈的斋萨正横刀立马，其身后的40多个军士也都杀气腾腾，心中大呼不好，转身想要往回跑，发现城门紧闭，已是上天无路、入地无门。

正当尼堪外兰无计可施之时，斋萨提刀赶到，只一刀便结果了尼堪外兰的性命，带着尼堪外兰的尸体凯旋。随即，努尔哈赤在赫图阿拉城中将尼堪外兰的尸体剖腹挖心，祭奠祖父和父亲。

这一年是万历十四年，距离闪击图伦之战已经过去了三年。

大仇得雪，努尔哈赤却没有停下战车。他起兵的目的本来就不是为了报仇。

在以后的日子里，努尔哈赤由近及远，恩威并行，"顺者以德服，逆者以兵临"，将分散在建州的异己势力一个个削平。

万历十五年（1587年）八月，努尔哈赤派额亦都率军攻取哲陈部巴尔达城，随之亲领大军攻占哲陈部洞城（今黑龙江省黑河北白碇子南，一说在辽宁省浑河流域，根据努尔哈赤的出兵顺序来看，后一种更为可信），灭哲陈部。

次年，"苏完部主索尔果率本部军民来归……又董鄂部主……亦率本部军民来归……是时上招徕各路，归附益众"（清·王先谦·《天命东华录》），实力进一步壮大。

同年九月，努尔哈赤率兵攻克完颜城（今吉林省通化市及其西南地区），灭完颜部。

万历十九年（1591年）正月至万历二十一年，努尔哈赤兼并了长白部的纳殷部、珠舍里部、鸭绿江部。

至此，努尔哈赤统辖区域西起抚顺，东至鸭绿江，北接开原（今辽宁省开原市老城镇），南连清河（今辽宁省本溪市清河城），建州女真实现了统一，努尔哈赤走完了他统一大业的第一步。下一步，他的铁骑将要踏上另一片黑土——海西女真的部落。

因美女而灭的九部联盟

万历四十四年（1616年），蒙古草原。喀尔喀部首领莽古尔岱的宠妾、刚嫁来一年多的叶赫部"大龄女青年"（史称"叶赫老女"）——东哥病逝，时年34岁。这本是历史长河中微不足道的一滴水，却因为一段征战、一个人,而映射出一片历史洪波。

这段征战,就是女真族的统一战;这个人,就是努尔哈赤。

统一女真各部,这是努尔哈赤扩张的关键一步。统一女真的标志就是踏平海西女真的最大部落——叶赫,而东哥则是叶赫部落的前首领布斋的女儿、新首领布杨古的妹妹——全名叶赫那拉·布喜娅玛拉。历史的洪流将她推到时代的浪尖上,流溢出古希腊美女海伦般的炫目光华。

努尔哈赤与美女东哥之间没有荡气回肠的英雄气短,没有缠绵悱恻的儿女情长,有的只是一片金戈铁马的喊杀声和诡谲反复的政治手段,两个没有交叉点的人生共同导演了一段波澜壮阔的历史,引领着女真族走向统一。

自万历十一年,努尔哈赤凭借着祖、父留下的13副遗甲起兵以来,直至万历十九年一统建州女真各部,历时9年时间,"环满洲而居者,皆为削平,国势日胜"(清·鄂尔泰·《清太祖武皇帝实录》)。接下来,阻挡他统一脚步的就是海西女真和野人女真。

海西女真别称扈伦四部,包括叶赫部(今吉林四平)、哈达部(今辽宁清河流域)、辉发部(今吉林桦甸县)、乌拉部(今吉林伊通县)四部。这是一块难啃的硬骨头,尤以叶赫女真部为最。

努尔哈赤所属的爱新觉罗氏与叶赫那拉氏之间的矛盾由来已久。据说早在元末明初时,叶赫那拉氏与爱新觉罗氏之间便发生过一场战争。当时,爱新觉罗家族的头领为了使叶赫那拉氏臣服,指着大地说:"我们是大地上最尊贵的金子(爱新觉罗是金子的意思)!"叶赫那拉的首领听了一阵大笑,指着天上的太阳说道:"金子算什么,我们姓它(叶赫那拉就是太阳的意思)。"在那场战争中,叶赫那拉氏最后打败了爱新觉罗氏,成为当时女真族最大的部落。

历史的发展难以预见。叶赫那拉氏和爱新觉罗氏总是在敌人与朋友之间徘徊,是敌人的时候,难免要兵戎相见;是朋友的时候,便歃血为盟。是战是和,都视当时的情况和利益而定。这次亦不例外。不过,这次笑到最后的是主角努尔哈赤，叶赫那拉氏的东哥只是他扫平海西女真的一件工具一个借口而已。

万历十九年，努尔哈赤迎来了海西女真叶赫部的两位使者宜儿当阿、摆斯汉，跟他们一起来的还有一封书信：

乌拉、哈达、叶赫、辉发、满洲总一国也，岂有五王之理？尔国人众，我国人寡，可将额勒敏、札库木二处，择一让我。

——清·鄂尔泰·《清太祖武皇帝实录》

字句中挑衅之意跃然纸上。

努尔哈赤帐下诸将读罢，无不义愤填膺，怒火中烧，狼一样的目光扫得原本趾高气扬的宜儿当阿、摆斯汉两人双股战栗。

而努尔哈赤，却仿若无事人一般，只是淡淡地说道："我乃满洲，尔乃扈伦，尔国虽大，我不得取；我国虽大，尔亦不得取。况国非牲畜可比，焉有分给之理？尔等皆执政之臣，不能极力谏主，奈何忝颜来相告耶？"（清·鄂尔泰·《清太祖武皇帝实录》）

没过几天，宜儿当阿、摆斯汉又来到赫图阿拉城，这次与他们同来的还有哈达、辉发两部的使者。三部落公然联合起来，再次挑战努尔哈赤的耐心与勇气。

仗着三大部落做靠山，宜儿当阿、摆斯汉再次趾高气扬起来，此次带来的措辞更带有浓浓的火药味：努尔哈赤不答应割地的话，那么，努尔哈赤将要为建州承担被海西大军血洗的后果。

听罢此言，努尔哈赤大怒，拔剑斩案，势如雷霆，怒喝道：

"尔主弟兄，何常与人交马接刃，碎烂甲胄，经此一战耶？昔孟革卜卤、戴都叔侄自相扰乱，如二童争骨满洲儿童每掷骨为戏故云云，尔等乘乱袭取，何故视我如彼之易也，尔地四周果有边垣之阻耶？吾即昼不能往，夜亦能至彼处，尔其奈我何，徒张大言胡为乎？昔我父被大明误杀，与我敕书三十道，马三十匹，送还尸首，坐受左都督敕书，续封龙虎将军大敕一道，每年给银八百两，蟒段十五匹，汝父亦被大明所杀，其尸骸汝得收取否？"（清·鄂尔泰·《清太祖武皇帝实录》）

随即努尔哈赤修书一封，将这番强硬的措辞写上，命使者将之交到海西女真部落首领的手中。

努尔哈赤的态度让东哥的父亲、海西四部首领、叶赫部头人布斋十分恐慌。他向努尔哈赤讨要领土，实际上是在试探这个人是否会与明朝一样，是自己在海西女真的统治的又一大威胁。如今换来的是努尔哈赤的强硬，他也心知努尔哈赤绝不只是口头上说说而已。因此，先下手为强才是解除隐患的关键所在。

布斋更清楚的是，别说单凭自己的叶赫部，就算是整个海西四部，也不是努尔哈赤的对手，因此，他需要更强有力的支持。他的女儿东哥，便又一次成为牺牲品。

东哥是名扬塞外的美女，据说任何语言都难以形容她的美之万一。她也因此成为叶赫部最具杀伤力的政治武器，而且屡试不爽。

东哥短短的一生中换了7个未婚夫，除去11岁时为父亲夺得海西四部（叶赫、乌拉、哈达和辉发）头把交椅"牺牲"一次外，此后6次许婚都与努尔哈赤有着直接或间接的联系。

为了巩固联盟、组建九部联军攻击努尔哈赤，布斋答应了海西女真乌拉部首领为其弟布占泰聘娶东哥的请求，征得了乌拉部的支援，于是，一场在统一海西女真中起到关键性作用的大战爆发了。

万历二十一年（1593年）九月，扈伦四部加上长白山的朱舍哩、讷殷两部，以及蒙古科尔沁、锡伯、瓜尔佳三部，组成多达三万兵力的九部联军，兵分三路向建州发起进攻。

面对来势汹汹的九部联军，努尔哈赤并未慌张。虽然以他的兵力来说，对抗三万大军实则以卵击石，但努尔哈赤深知，海西气势虽猛，但有一个致命的弱点，"打蛇打七寸"，只要将海西九部联军的七寸掐在手中，那么，纵使三万大军，也不过是小菜一碟。

九部联军在浑河北岸扎下大营，紧接着便向扎喀关（今辽宁新宾境内）、古勒山（今辽宁新宾县上夹乡古楼村西北）一带推进。

古勒山一役，努尔哈赤以少胜多，歼敌4000多人，获战马3000匹。

布斋战死沙场；东哥的第二任未婚夫乌拉部布占泰，尚未来得及成婚，便做了努尔哈赤的阶下囚。

此役过后，海西女真和建州女真的实力发生了根本性的改变。它打破了女真九部军事联盟，改变了建州女真和海西女真的力量对比，标志着女真力量的核心从海西转为建州。此战之后，努尔哈赤"军威大震，远迩慑服"。

自万历二十六年正月至万历四十五年，努尔哈赤的建州铁蹄用了近20年的时间踏平了野人女真的领土；自万历十一年至万历四十五年，努尔哈赤用了30余年的时间，将建州女真、海西女真以及野人女真的大部统一到了自己的麾下，"自东海至辽边，北自蒙古嫩江，南至朝鲜鸭绿江，同一言语者俱征服。是年诸部始合为一"。（清·鄂尔泰·《清太祖武皇帝实录》）基本上结束了女真社会的长期分裂、割据、动乱的局面，推动了女真社会的发展和满族共同体的形成，也使得辽东地区摆脱了明朝廷的统治，成为了一个独立于明王朝而存在的统一的政权。

第二章

后金崛起，只玩真的不忽悠

七恨告天，师出有名

统一女真部落、统一东北地区、制定满族文字、创建八旗制度、促进满族形成、建立后金政权……努尔哈赤用了34年的时间完成了崛起，完成了向朱明王朝宣战的准备。

天命三年（1618年）正月十六日清晨，晨曦欲吐，红日未升，一轮圆月仍悬于西天。

有青黄二色气，直贯月中。此光约宽二尺，月之上约长三丈，月之下约丈余。帝（指努尔哈赤）见之谓诸王臣曰："汝等勿疑，吾意已决，今岁必征大明国。"

——清·鄂尔泰·《清太祖武皇帝实录》

由于《清太祖武皇帝实录》相对于后世康雍乾年间所修订的《清太祖高皇帝实录》更早，所以一向被史学界尊为最具权威性的对努尔哈赤生平的记述。不过从前文这一段文字来看，却颇有些传奇色彩。当然，这很好解释：日月同辉并不是罕见的现象，在某些特定的大气环境下，日月同辉确实可能导致月中"青黄二色气"的自然景观，这不过是太阳光的折射罢了。而努尔哈赤正可借题发挥，表述自己征讨朱明王朝的决心，且以天命之由来堵住反对者的嘴。

努尔哈赤觊觎大明江山由来已久。早在其祖、父为明军"误杀"之后，便心怀复仇之意，不过其时能力有限，也无法公开与明王朝决裂，只能在辽东地区祭起战旗，一步步地统一辽东，壮大实力。如今，整个满洲已经纳入爱新觉罗氏的麾下，而朱明王朝那边却已是夕阳落日，还有什么理由继续向明王朝纳贡称臣呢？

"朕与大明国成衅，有七大恼恨，此外小忿难枚举矣。今欲征大明。"这是努尔哈赤在天命三年（1618年）二月提出来的，也就是后人所称的"七大恨"。他要讨伐大明。

是年四月十三日，努尔哈赤正式以"七大恨"告天：

我之祖、父，未尝损明边一草寸也，明无端起衅边陲，害我祖、父，恨一也。

明虽起衅，我尚欲修好，设碑勒誓："凡满、汉族人等，毋越疆圉，敢有越者，见即诛之，见而故纵，殃及纵者。"讵明复渝誓言，逞兵越界，卫助叶赫，恨二也。

明人于清河以南、江岸以北，每岁窃窬疆场，肆其攘村，我遵誓行诛；明负前盟，责我擅杀，拘我广宁使臣纲古里、方吉纳，挟取十人，杀之边境，恨三也。

明越境以兵助叶赫，俾我已聘之女，改适蒙古，恨四也。

柴河、三岔、抚安三路，我累世分守疆土之众，耕田艺谷，明不容刈获，遣兵驱逐，恨五也。

边外叶赫，获罪于天，明乃偏信其言，特遣使臣，遗书诟詈，肆行凌辱，恨六也。

昔哈达助叶赫，二次来侵，我自报之，天既授我哈达之人矣，明又党之，挟我以还其国。已而哈达之人，数被叶赫侵掠。夫列国这相征伐也，顺天心者胜而存，逆天意者败而亡。何能使死于兵者更生，得其人者更还乎？天建大国之君即为天下共主，何独构怨于我国也。初扈伦诸国，合兵侵我，故天厌扈伦启衅，唯我是眷。今明助天谴之叶赫，抗天意，倒置是非，妄为剖断，恨七也。

——清·鄂尔泰·《清太祖高皇帝实录》

与任何一场"师出有名"的战争一样，每位征讨者都是搜罗罪状、寻找借口的高手。"七大恨"中，除去"杀我父祖"的血海深仇外，努尔哈赤又把"叶赫老女"这件过时的政治工具搬了出来，将"援助叶赫，致使我已聘之女转嫁蒙古"列为七大恨之一。

努尔哈赤之所以选择这个时间向明朝宣战，是因为此时的辽东内外形势都对其有利。

明军方面的抗倭援朝战争刚刚结束不久，无论是人力、物力还是财力都有极大的损耗；多次与叶赫部落作战的辽东守军是抗倭援朝战争中的主力部队，战争结束后的实力更是锐减。

外部军事实力已经如此堪忧，朝廷内部却腐败到了骨子里：封建官僚把军队粮饷纳入私囊，致使军队的装备陈旧不堪，军需严重匮乏，吃不饱肚子的士兵只能纷纷逃离军队，号称十万大军的辽东守军，实际人数不过三四万而已。就是这些人，军队长官也无心对其进行操练，军营之中本应终日不歇的金鼓之声，在辽东大营却几乎不闻；就算是有偶尔的训练，士卒们也打不起精神来，致使军队毫无士气可言。自李成梁卸任之后，辽军的军械从未被修缮过，刀枪剑戟，锈迹斑斑，遇到女真部落的挑衅，大多数情况下选择了退缩让避，不敢正面迎击。这样的军队哪有战斗力可言？

在军力部署上，仅三四万人的军队，还分散在北起开原、南至鸭绿江口，以及辽东、辽西的120多处据点中，这就给对手留下了各个击破的余地。

当时除了后金政权和明王朝之外，还存在着一个第三方势力，那就是蒙古。此时，喀尔喀蒙古部落已经跟后金有了联姻的关系，科尔沁蒙古部落也已跟后金政权结盟，位于漠南的察哈尔部希望借明朝的力量统一漠南蒙古而跟明王朝保持着紧密的联系；同时，明王朝也企图把察哈尔部当作遏制后金发展的屏障。这样，蒙古方面就剩下察哈尔部是努尔哈赤的一个威胁。

还有一方力量不可轻视，那就是与中国只有一江之隔的朝鲜。明代之时，日本正值战国时期，日本关白丰臣秀吉大举侵略朝鲜，作为朝鲜宗主国的明朝出兵援助，双方形成了军事同盟关系。此时倭寇之乱未解，朝鲜仍需要来自明军方面的支援，因此对于后金政权，朝鲜方面也相应地采用了敌对政策。努尔哈赤曾一度想要与朝鲜结盟，但朝鲜国王光海君怕开罪明朝，只得暗中与后金往来。努尔哈赤对此却很不满意，以为"交则交，不交则已，何必暗里行走"，断然打消了与朝鲜结盟的念头，不过饱受侵略之苦的朝鲜也没有足够的军事实力成为后金的威胁，不足为患。

天时、地利、人和，天赐之良机岂可被蓄意已久的努尔哈赤所错过？后金与大明之间的战争一触即发，一场改天换地的大战即将打响。

凭你几路来，我只一路去

努尔哈赤在"七大恨"告天的前一天，即后金天命三年四月十二日颁布了旨在训练士卒、克敌制胜的作战方针。史书记载如下：

凡安居太平，贵于守正。用兵则以不劳己、不顿兵，智巧谋略为贵焉。若我众敌寡，我兵潜伏幽邃之地，毋令敌见，少遣兵诱之，诱之而来，是中吾计也；诱而不来，即洋察其城堡远近，远则尽力追击，近则直薄其城，使壅集于门而掩击之。倘敌众我寡，勿遽近前，宜预退以待大军。侯大军既集，然后求敌所在，审机宜，决进退。此遇敌野战之法也。至于城郭，当视其地之可拔，则进攻之，否则勿攻。倘攻之不克而退。反损名矣！夫不劳兵力而克敌者，乃足称为智巧谋略之良将也。若劳兵力，虽胜何益？盖制敌行师之道，自居于不可胜。以待敌之可胜，斯善之善者也。

这是他一生战争策略的总结。自努尔哈赤起兵以来，其所经历的大大小小的战役，无不是在遵循此作战方针而行之。面对着即将到来的明朝大军——一个前所未有的强大对手，努尔哈赤依然遵循着这种军事思想。

明军共集结11万大军兵分四路向赫图阿拉进逼，意欲会师于后金都城；而努尔哈赤手中总共只有4.5万人马，虽然在准备与大明军队正面交锋时便已经把军备准备充分，但相对于可以随时调拨全国武装力量的明政府来说，还有着天壤之别。与之硬碰硬，无异于以卵击石。

面对这种不利局面，努尔哈赤并不担心。范文程在了解了整个局势之后，提出一条"管他几路来，我只一路去"的作战方针，后金无须忌惮明军的强大实力，因为明军的内部矛盾，正为后金提供了各个击破的条件。

明军方面战略部署完毕之后，原计划于明万历四十四年、后金天命四年（1619年）二月二十一日兵出辽东，然而天公不作美，自十六日起普降大雪。内阁首辅方从哲却无视天气状况，一再敦促杨镐出兵。

方从哲担心，一旦战况被拖延，那么庞大的军费开支势必给本已千疮百孔的国家经济雪上加霜，只有速战速决才是正道。在这些朝中大员眼里，一个小小的后金不足畏惧，"数路齐捣，旬日毕事耳"（《清太宗实录》卷四），根本无须大费周章。而久经战场的杨镐方面清楚地知道天气因素会给作战带来什么样的不利影响，尤其是深入对手所控制的范围中去；再加上粮草迟迟未与送到，更是无法出兵。

明军方面的文武双方各执一词，却没有想到正是因此而把出兵时间泄露给了努尔哈赤。努尔哈赤又让治下的汉族人充当间谍，深入明军腹地，把杨镐方面的作战意图、进军路线、兵力部署等各方面侦察得清清楚楚。如此一来，战端未开，明军就已失胜算，陷入被动局面。

再加上明军四路大军的将领之间早有罅隙，作为最高统帅的杨镐也无力约束，兼之明军战线铺开足有600里之广，相互之间信息沟通不便，这对于分路配合作战来说是最为不利的因素。这一点，正是范文程提出"凭尔几路来，我只一路去"的信心。

努尔哈赤毫不犹豫地认可了这个作战方针，他称："明使我先见南路有兵者，诱我兵而南也，其由抚顺所西来者，必大兵也，急宜拒战，破此则他路兵不足患矣。"

明军西南路军由李成梁之子李如柏率领，努尔哈赤仅用500人便抵挡住了来自西南方向的佯攻；西路军则有杜松率队，4.5万人（另一说为3万人）正遇到努尔哈赤的主力部队，顷刻之间便灰飞烟灭，杜松中箭身亡。

西路军覆灭后，努尔哈赤率主力北上，在萨尔浒山（今辽宁抚顺东）直接面对马林的北路军，又形成了一场单方面的屠杀，马林侥幸逃脱。

而此时的东南路军统帅刘𬘩尚且不知道其他两路军均以战败，仍旧按原计划继续北上，恰恰陷入了后金军的包围圈。激战之后，刘𬘩命丧辽东。

李如柏方面被后金五百兵马阻拦在虎栏关（鸦鹘关东）之后，始终按兵不动。杨镐得知杜、马两路相继惨败，急命李如柏、刘𬘩军后撤，而刘𬘩尚未接到命令便已全军覆没，李如柏只得匆忙回撤。得知李部撤退的消息之后，努尔哈赤仅用了20名哨骑便将李如柏军搅得大乱，明军自相践踏，伤亡惨重。

此次大战自三月二日正式打响，三月五日宣告结束。不到5天的时间里，明军方面45800多名士卒战死，刘𬘩、杜松等300多名文武官吏魂归西天，马、骡等牲畜损失近3万匹；而后金军，仅付出了2000多人伤亡的代价。

萨尔浒之战对于作战双方来说都有着极其深远的影响。

明军方面，杜松与刘綎战死沙场，仅仅过了3个月，侥幸从萨尔浒战场上逃生的马林也死在了同样是与后金军交战的开原之战中，四位明军主将已去其三，仅剩下李如柏因为始终没有与后金军正面交锋而留得一条性命。然而战火没有烧掉李如柏，朝中政局却让他魂归西天。

萨尔浒之战结束后不久，监察官便对李如柏提出纠劾。原因是李如柏的父亲李成梁曾经把年幼的努尔哈赤收归帐中，厚待于他，甚至还有收其为义子的传言。所以努尔哈赤跟李如柏"有香火情"，否则"何以三路之兵俱败？何以如柏独全"？奏折之中已明显地透露出对李成柏通敌的怀疑态度。不过，当时的万历皇帝对此不置可否，此事暂且风平浪静。然而过了一年半之后，辽东地区的局势更加紧张，这件事又被某些别有用心之人重提。重压之下，李如柏为表心意，自尽明志。四大军事将领的相继离世，对于本已风雨飘摇的明朝武装力量来说，无异于雪上加霜。

作为萨尔浒之战明军方面的最高统帅，辽东经略杨镐自然难辞其咎。杨镐在兵败之后引咎辞职，当时的朝廷还算是网开一面，让他"姑令策励供职，极力整顿以图再举"。然而没过多久，辽东的开原和铁岭又相继沦陷，杨镐最终被定罪入狱，于崇祯二年（1629年）病死狱中。

兵败萨尔浒的消息传到京师之后，北京城的米价顿时暴涨。人们认为后金军即将打出山海关，进而围困北京城，从而开始纷纷囤积大米，以备不急之需，这就进一步破坏了明朝的财政。

从根本原因上来看，火器、兵力占优的明军之所以败在了一个本以游牧为生的政权手中，实质上是因为其官僚机构之腐败已经到了一个无可挽回的地步。这种腐败早已有之，只不过是萨尔浒将之彻底地暴露出来罢了。

萨尔浒之战对交战双方来说都极为关键。此战之后，明朝的实力大为衰弱，再也无力阻止后金政权的进一步发展，被迫由主动进攻转入被动防御。而明朝的对手——努尔哈赤的后金政权，则因此而实力倍增，随之而来的是政治野心的大幅度膨胀。

迁都辽阳，紧逼大明

赢得萨尔浒之战的胜利后，努尔哈赤按军功将战利品分发与诸贝勒，进一步刺激了女真贵族对明战争的野心。稍加修整、补充兵力完毕，天命四年（1619年）六月十日，后金军便对开原发起了进攻。

开原西接蒙古，东邻建州，北靠叶赫，实乃要冲之地，兵家必争之所。然而，明政府所委任的开原守将是努尔哈赤的手下败将马林。后金军仅用了6天的时间，便攻占开原城，让守将马林及其属下步了杜松、刘𬘓的后尘。

也正是因为这场战役，对杨镐还抱有一丝希望的明朝彻底断了念想，将之论罪下狱，让熊廷弼顶了上来。熊廷弼带着尚方宝剑来到辽东，驻扎沈阳，可迎接他的是已经占领了铁岭、打通通往沈阳道路的后金军。

七月二十五日，努尔哈赤统兵五六万人，围攻沈阳北部的重镇铁岭。为避免与明军援军正面交锋，努尔哈赤许下重金，换来了铁岭守将丁碧的开门归降，兵锋直指沈阳。而此时，熊廷弼刚刚抱着朝廷的尚方宝剑在沈阳上任。

熊廷弼上任后，斩逃兵，修城堡，加强防务，招集散兵，整肃军令，操练士卒，一系列措施进行得倒也井井有条，辽东的形势渐渐有所好转。努尔哈赤那边也因为需要休养生息一段时间，而没有立即对沈阳展开军事行动。

就在辽东地区的局势渐渐向有利于明朝方面发展转变的时候，朝廷内部腐朽，让熊廷弼不幸沦为了党争的牺牲品。

万历四十八年七月二十一日，万历皇帝朱翊钧终于结束了他荒诞的一生，然而明朝内部的混乱形势并没有随着朱翊钧的龙驭上殡而消失，反倒愈加恶化。泰昌皇帝明光宗朱常洛、天启皇帝明熹宗朱由校先后袭位，朝纲不稳，朝政大权被旷世阉佞魏忠贤窃取，自此形成了阉党与东林党两大派别，党争日趋激烈。为了壮大自己的实力，魏忠贤一度想要拉拢熊廷弼。谁知熊廷弼刚直不阿，断然拒绝曲意奉承阉党，魏忠贤大怒，给熊廷弼加上了"军马不训练，将领不部署，人心不亲附，刑威有时穷，工作无时止"的莫须有罪名。朝廷最后撤去了熊廷弼辽东经略的职务，由右佥都御史、辽东巡抚袁应泰接任。

袁应泰的长项在于后勤工作，治水理财都堪称大家，但指挥作战非其所长。熊廷弼在任时严肃军纪，而袁应泰却认为应该宽仁爱民，改变了熊廷弼所制定的许多军纪。适逢塞外天灾，蒙古部落纷纷逃往塞内，袁应泰动了妇人之仁，下令招降，将蒙古部落的难民安置在疗养和沈阳之内，每月发与口粮。殊不知，此举让大批间谍混入两大要塞，埋下了巨大的隐患。熊廷弼辛辛苦苦打造的防御体系全被袁应泰破坏殆尽。

明朝内部的动荡正给了努尔哈赤以发动进攻的良机。后金开始储备粮草，置备车营，打造钩梯，准备对明朝发动新一轮的进攻。

从后金天命六年，明天启元年（1621年）二月二十一日起，至三月二十一日傍晚，短短一个月间，沈阳、辽阳相继沦陷，见大势已去，袁应泰在最后时刻于辽阳城东北角正元楼上自焚殉国。京师北方的最后一块屏障就此灰飞烟灭。

拿下沈辽之后，努尔哈赤当即下了迁都辽阳的决定。

辽阳城地处辽东半岛中部，是一座拥有2000多年历史的军事重镇。南方群山将之环绕其中，太河诸水域自城中贯穿而过，依山傍水，乃天然之要塞，兵家必争之地。秦汉以来，历代王朝均在此处设立郡制予以管辖；到了辽金两代王朝，更曾将国都设立于此；到了元朝，设置辽阳行中书省，明朝时期则在这里设立了辽东都指挥使司。

辽阳所处的地理环境占据了很大的优势，再加上历代王朝的倾力打造，此处人丁兴旺，贸易兴盛，成为在明朝统治时期辽东地区的政治、经济、文化中心。熊廷弼驻扎在辽阳的时期，在城边挖了数层城壕，各种火器沿濠边而列，四面城墙分兵把守。

同时，辽阳还是明朝与朝鲜和蒙古接壤的要冲地带。一旦为后金军所占据，就可以形成挟朝鲜、扼蒙古，与明朝分庭抗礼之局面。

因此，努尔哈赤在攻占下辽阳之后大喜过望，连称"天既眷我，授以辽阳"。

喜悦之后，是努尔哈赤对迁都辽阳问题的考虑。他特意为此召集了贝勒诸臣会议，征求他们的意见："辽阳乃天赐我者，可迁居于此耶，抑仍还本国耶？"诸王臣俱以还国对。帝曰："若我兵还，辽阳必复固守，凡城堡之民，逃散于山谷者，俱遗之矣。弃所得之疆土而还国，必复烦征讨。且此处乃大明、朝鲜、蒙古三国之中，要地也，可居天与之地。"诸王臣对曰："此言诚然。"（清·鄂尔泰·《清太祖武皇帝实录》）

可以看出，女真的贵族们最初并不愿意放弃旧都赫图阿拉，因为他们习惯于旧有的游牧习俗，作战对他们来说，不过是一种掠夺财富的手段罢了。但是，当努尔哈赤将自己的意图阐述明白之后，王公贝勒们方才认识到迁都的好处，点头应允。

后金天命六年、明天启元年四月初，即辽阳城被攻克之后不久，后金自赫图阿拉迁都至辽阳。从此之后，京师丧失了北方最后一块屏障，完全暴露在努尔哈赤的铁骑面前，明王朝的安全受到了严重的威胁。迁都辽阳，后金的政权中心进一步逼近明王朝，成为一支可以动摇明朝统治的强大力量。

而后，努尔哈赤再一次把目光投向了山海关。努尔哈赤没有想到的是，他迎来的，将是自己一生之中唯一的一场败仗，也是一生中的最后一役。

努尔哈赤的最后一战

天命十一年（1626年）八月，太子河，华丽的龙舟里，努尔哈赤躺在厚厚的毡毯上，眼望窗外的湛蓝天空，身上的毒疽隐隐作痛。"难道这就是天命？"壮志未酬的他心中无限遗憾，虽然完成了女真的统一，却无法见到攻破京师的那一刻，而这，恰恰是他起兵反明时的愿景啊。

为了这个愿景的实现，努尔哈赤穷尽了毕生的精力：谋建州，平海西，统野人，建立起属于自己的政权，打造出一支可以与明廷相对抗的尖锐长矛；战萨尔浒，迁都辽阳，尽取辽西，确立起自己在东北边陲的绝对统治权。为了进一步对大明王朝采取行动，他甚至不惜放弃辛辛苦苦建立起来的新都辽阳，迁都沈阳。

迁都沈阳，是努尔哈赤在一统辽东之后做出的又一大举措。"沈阳四通八达之处，西征大明从都儿鼻渡辽河，路直且近，北征蒙古三日可至，南征朝鲜自清河路可进"，这在战略角度上要比辽阳更为有利。

同时，"沈阳浑河通苏苏河，于苏苏河源头处伐木顺流而下，材木不可胜用，出游打猎山近兽多，且河中之利亦可兼收矣"，从经济利益方面来看，也是辽阳所无法比拟的。让努尔哈赤下定迁都决心的，更是当时辽东、辽西的局势。

广宁之战后，后金的战线拉得过长，领地内矛盾纠纷不断，努尔哈赤无力维系后院的稳定，被迫做出了毁弃广宁、弃守辽西的决定。这就给了明廷以喘息之机。待到孙承受、袁崇焕固守宁远，后金政权感到了前所未有的压力，"公（孙承受）渐东，奴（努尔哈赤）惧，遂弃宫室而北徙于沈阳……自筑宫于瓮城，屡不就……"努尔哈赤弃守广宁的弊端显露出来。

另外，迁都辽阳之后，女真人和汉族人之间的矛盾进一步尖锐，努尔哈赤所采取的镇压手段只会激化矛盾。辽阳城已经是鸡犬不宁之地，丧失了一国之都的意义，努尔哈赤唯有再行迁都。

孙承宗毛遂自荐督师辽东的那一年，山海关马世龙等人频繁出巡被努尔哈赤攻取又弃守的广宁、三岔河一带地区。驻守在辽南的毛文龙，没有了山海关的后顾之忧，也活跃起来，对靠近三岔河一带的牛庄(今辽宁省牛庄镇)、跃州(今营口北牛庄附近)等为后金政权所据的各城不断骚扰。此外,麻羊岛守备张盘夜袭金州(今辽宁省大连市金州区),让女真人终日惶恐;复州(今辽宁省瓦房店市西北复州)的后金总兵刘爱塔偷偷地向登莱(今山东省登州和莱州)地区运送军备物资,并且希望把复州当成明军的内应,一旦明军向后金展开进攻,便与其里应外合等。毫无疑问,这些对后金政权的稳定都构成了极大的威胁。

除了来自明军方面的压力外,后金政权还面临着塞外蒙古各部的觊觎。这些不利之局逼迫努尔哈赤必须对他的战略防御问题进行重新考虑。因此,为了在战略上取得主动,他选择将后金的首府迁往沈阳,并将沈阳改称盛京。

虽然迁都盛京,但后金政权的稳定问题仍然无法解决,汉民与女真贵族之间的矛盾也不会因为迁都而化为乌有。努尔哈赤能做的,只能迎着孙承宗和袁崇焕打造出来的铜墙铁壁进一步扩张领土。

恰在这时,明廷的党争给了他一个天赐良机。

孙承宗所经略的辽东,"在关四年,前后修复大城九、堡四十五,练兵十一万,立车营十二、水营五、火营二、前锋后劲营八,造甲胄、器械、弓矢、炮石、渠答、卤楯之具合数百万,拓地四百里,开屯五千顷,岁入十五万(石)"(《明史·孙承宗传》),逼得努尔哈赤不敢南侵,但他没有抵挡住来自朝廷的攻击。

此时的明廷朝政大权已经完全旁落在了"九千岁"魏忠贤的手里,天启帝朱由校只知道在后宫当他的木匠,对朝政大事基本上是不闻不问,这更让阉党有恃无恐,大力排除异己。不幸的是,孙承宗正是阉党眼中的异己之一。

孙承宗经略辽东之后,一时间功高权重,誉满朝野。势力猖獗的魏忠贤和他的党羽自然不会错过这个值得利用的人,威逼利诱,魏忠贤动用了各种手段去拉拢这位封疆大吏。而孙承受对阉党深恶痛绝,对魏忠贤抛来的橄榄枝视而不见,这就让一向专横跋扈的魏阉对他怀恨在心。

明天启四年（1624年）十一月，孙承宗到蓟、昌西巡。此时恰临近十一月十四日，正值天启帝的生日，孙承宗便上书朝廷，希望入朝为皇帝庆贺万寿节，并打算借此机会当面向皇上汇报机宜。

把握朝政大权的魏忠贤在皇帝之前先得知了此消息，生怕孙承宗拥兵入京，做出对自己不利的事情来。于是"绕御床哭。帝亦为心动，令内阁拟旨。次辅顾秉谦奋笔曰：'无旨离信地，非祖宗法，违者不宥。'夜启禁门召兵部尚书入，令三道飞骑止之。（魏忠贤）又矫旨谕九门守阉，承宗若至齐化门，反接以入。承宗抵通州，闻命而返。忠贤遣人侦之，一襆被置舆中，后车鹿善继而已，意少解"（《明史·孙承宗传》）。

紧接着，魏忠贤和他的阉党党羽称孙承宗是"拥兵向阙，叛逆显然"，意图借此事来扳倒孙承宗，但天启帝不是不理朝政的万历帝，心中还有点分寸，对魏忠贤的攻讦没予理会。

次年，太监刘应坤在魏忠贤的委派下前往山海关犒军，带去帑金10万两，然而孙承宗一点也没给魏忠贤面子，鄙视之意溢于言表。

同年八月，马世龙轻信自后金逃归的"降虏生员"（其实是后金方面的间谍）刘伯镪的话，派兵渡柳河，袭取耀州，结果掉进了努尔哈赤早已设好的圈套，惨败而归。

柳河之败正给了阉党挤垮孙承宗的口实，以马世龙损失670匹马、大量甲胄等军用物资为借口，向马世龙发起了围攻，其根本的目的还是要弄倒孙承宗：弹劾奏折雪片一样飞向天启帝的御案。阉党的无耻手段让孙承宗大为恼怒，连上两疏称病辞官。天启帝拗不过孙承宗，只得应允。

孙承宗罢官，辽东经略一职再度出现空缺，魏忠贤趁此机会将自己的同党高第推上了辽东经略的位置。胆怯无能、对军事又一窍不通的高第抵达山海关后，将孙承宗所做的军事防御部署全部推翻，将锦州、右屯、大凌河、宁前诸城守军，连同器械、枪炮、弹药、粮料等后勤物资一并移到关内,绵延四百里的关外土地尽皆放弃。

高第的胡乱部署让朝野上下响起一片反对之声,袁崇焕更是怒不可遏,他在给高第的揭言中说:"兵法有进无退,锦、右一带,既安设兵将,藏卸粮料,部署厅官,安有不守而撤之?万万无是理。脱一动移,示敌以弱,非但东奴,即西虏亦轻中国。前柳河之失,皆缘若辈贪功,自为送死。乃因此而撤城堡、动居民,锦、右摇动,宁、前震惊,关门失障,非本道之所敢任者矣。"

然而,袁崇焕仅仅是一个监军,无力改变身为兵部尚书、手持尚方宝剑的高第的决策,更何况高第背后还有把持朝政的阉党撑腰。袁崇焕只能眼睁睁地看着高第将锦州、右屯、大凌河及松山、杏山、塔山守具的屯兵屯民尽皆驱赶入关,10余万石粮谷被抛弃。这次不战而退,闹得军心不振、民怨沸腾,刚刚振奋起来的士气又再次陷入低谷之中。

得不到上司支持、朝中又没有后台的袁崇焕不甘心就此放弃辛辛苦苦打造出的防线,决意死守宁远。在关外城堡撤防、兵民入关的不利情势下,袁崇焕率领1万余名官兵孤守宁远,抵御后金。

明廷因为内斗而产生的自我消耗给努尔哈赤创造了再侵朱明的良机。后金天命十一年,明天启六年正月十四,努尔哈赤率领10万八旗大军西渡辽河,直取孤城宁远。

十万士气高昂的八旗大军,一万多被朝廷弃之不顾的明朝军队;一位是积蓄了数年力量、一生未逢一败的后金国主努尔哈赤,一位是孤立无援、从未参加过战争的山海关监军袁崇焕。双方就在这样的悬殊中,于正月二十三拉开了战幕。

然而让努尔哈赤没有想到的是,历时4天的大战,竟然以自己的惨败而告终。

宁远一役,是后金与明王朝自交战以来的第一次惨败,对八旗军队的锐气是一个十分严重的挫败,自萨尔浒之战以来对明朝的连续攻势就此中断。对努尔哈赤来说,更是一个沉重的打击,"帝自二十五岁征伐以来，战无不胜，攻无不克，唯宁远一城不下，遂大怀愤恨而回"（清·鄂尔泰·《清太祖武皇帝实录》）。

天命十一年八月十一，努尔哈赤走完了他68年的不平凡人生。留给爱新觉罗家族和后金政权的，是一个足以与明廷相对抗的根基。努尔哈赤入主中原、跃马京师的宏图大愿，将留给他的子孙后代去实现。

第三章

皇太极：聪明的"伐木人"

伐木丁丁夺皇位

明万历四十年（1612年）十月初二，海西女真乌拉部，努尔哈赤的铁骑已经在此与乌拉兵对峙了3天。

这3天里，努尔哈赤四处放火焚烧乌拉部的粮草，意图将乌拉部困死在城中。乌拉兵白天出城与努尔哈赤部对垒，晚上则龟缩于城内坚守不出。城坚墙固，且有乌拉河（松花江上游，今乌拉街处）为天堑，努尔哈赤部一时倒也对乌拉部无可奈何。

此时，年仅20岁的努尔哈赤第八子皇太极与其五哥莽古尔泰按捺不住年轻人的血气方刚，双双请战，要求率兵渡河，对乌拉部发起猛攻。努尔哈赤干脆地拒绝了他们的请战："欲伐大木，岂能骤折？必以斧斤伐之，渐至微细，然后能折。相等之西，欲一举取之，岂能尽灭乎？且将所属城郭，尽削平之，独存其都城。如此，则无仆何以为主？无民何以为君？"

努尔哈赤的"伐木"理论对皇太极的一生都产生了重要的影响：

稳步前行，步步为营。这种伐木理论给他带来的第一个好处就是让他在16位兄弟中脱颖而出，登上了后金政权的宝座。

努尔哈赤一生共纳娶16个妻妾（《清史稿》中记载为14个，两位从殉的庶妃未被列入其中），生下16个儿子，其中有能力继承汗位的有：长子褚英、次子代善、五子莽古尔泰、八子皇太极、十四子多尔衮，另外，他的弟弟舒尔哈齐的两个儿子——阿敏和济尔哈朗也是人中之杰，颇有才干。由谁来继承汗位，努尔哈赤一直没有定论。直到其临终时，也"为国事、子孙，早有明训，临终遂不言及"（清·鄂尔泰·《清太祖武皇帝实录》）。

然而，鄂尔泰所记载的这个"明训"，其实指的是天命十一年六月二十四日努尔哈赤对八旗贵族的一次训话，也可看作是遗嘱的交代，关于身后之事，他只是说道："尔八固山（四大王四小王）继我之后，亦如是严法度，以效信赏必罚，使我不与国事，得坐观尔等作为，以舒其怀可也。"可见，努尔哈赤并没有明确指出谁是汗位的继承人。

并不是努尔哈赤不去计划自己的身后事，而是实在不知道让谁来挑起后金这个重任才好。后金建国前，他曾想令长子褚英接班，后以忤逆罪将其囚于狱中，并处死；又有意让次子代善嗣位，但无果而终。直到天命六年正月十二日，努尔哈赤与代善、皇太极等儿子对天焚香发誓，让子孙互相辅佐，勿开杀戒；二月又令代善、阿敏、莽古尔泰、皇太极四大贝勒，"按月分直"，此举也表现出一种信号——汗位的继承人，将在这四大贝勒中选出。

努尔哈赤的弟弟、阿敏的父亲舒尔哈齐在早年时曾想挑战努尔哈赤的权力，后被圈禁至死。阿敏在这期间也犯过大错，虽然因为军功卓绝而幸免一死，但汗位与他无关了。

三贝勒莽古尔泰为衮代所生，衮代原是努尔哈赤堂兄威准之妻，威准战死后，改嫁给努尔哈赤。天命五年三月，衮代获罪，在《清史稿》中只有一句含糊不清的话："天命五年，妃得罪，死。"什么罪？不知道；怎么死的？也不知道。不过后来皇太极曾透露过：衮代被她的亲生儿子莽古尔泰亲手杀死。莽古尔泰弑母之事虽然赢得了努尔哈赤的信任,但名声毕竟不好,威望在兄弟和一干八旗贵族中急剧下降,可以说已经不再具备竞争汗位的实力。

除去已经退出汗位竞争的阿敏和莽古尔泰,在另外的两大贝勒中,最有继承汗位希望的要算是大贝勒代善。代善自小追随在努尔哈赤身边,与努尔哈赤一同四方征战。逐渐成长为努尔哈赤帐下的一员猛将。在攻打海西女真的战斗中,代善立下大功,一举成名,紧接着又在对乌拉部和叶赫部的征战中立下无数战功。天命元年,备受努尔哈赤青睐的代善被封为贝勒,位居四大贝勒之首,他光辉的军旅生涯便由此展开。当努尔哈赤完成辽东的统一,开始对明朝施以进攻之时,代善以独当一面的统帅身份参加了几乎所有的战役。那场决定历史命运的萨尔浒之战,也留下了代善的足迹。

然而,代善没能获得继承汗位的荣耀。

后金天命五年三月,努尔哈赤的小福晋德因泽向努尔哈赤告发代善与继母大福晋关系非同一般:"大福晋曾二次备办饭食,送与大贝勒,大贝勒受而食之。又一次送饭食与四贝勒,四贝勒受而未食。且大福晋一日二三次差人至大贝勒家,如此往来,谅有同谋也!福晋自身深夜出院亦已二三次之多。"(后金·《满文老档》)

努尔哈赤听到这话之后,连忙派四大臣向代善和皇太极求证此事,调查的结果确实如此。

"对此汗曰:'我曾言待我死后,将我诸幼子及大福晋交由大阿哥抚养……故大福晋倾心于大贝勒,平白无故,一日遣人来往二三次矣!'每当诸贝勒大臣于汗屋聚会议时,大福晋即以金珠妆身献媚于大贝勒。诸贝勒大臣已知觉,皆欲报汗责之,又因惧怕大贝勒、大福晋,而弗敢上达。汗闻此言,不欲加罪于大贝勒,乃以大福晋穷藏绸缎、蟒缎、金银财物甚多为词,定其罪。"(后金·《满文老档》)

虽然代善被努尔哈赤所谅解,但这对他的名声是一个沉重的打击,这毕竟是个难以启齿的丑闻。

不过此事疑点颇多：大福晋给代善送饭，代善吃了；给皇太极送饭，皇太极"受而不食"，一个身在深宫中的小福晋又如何知晓？可以推测出，此事的背后是皇太极在指使：既废了大福晋，让小福晋获得与努尔哈赤同桌吃饭的荣耀，又让代善声名狼藉，除掉登基路上最大的一个障碍。

四大贝勒已去其三，但皇太极还不能说自己已经汗位在握，他还有一个不可忽视的对手——多尔衮。

多尔衮生性聪明，颇得努尔哈赤的喜爱，更重要的是一点，多尔衮的母亲阿巴亥是一个不可忽视的力量。这个女人胸怀大志、足智多谋，她所生的十二子阿济格、十四子多尔衮和十五子多铎三个儿子在努尔哈赤的八贝勒中占据着强势，是一心要继承汗位的皇太极最大的拦路虎。对皇太极来说最可怕的，是努尔哈赤并没有留下由谁来继承汗位的遗言，而努尔哈赤死前四天里，身边只有阿巴亥奉命服侍。那几天，努尔哈赤针对汗位的问题究竟说了些什么，只有阿巴亥才知道，也正是如此，无论阿巴亥说什么，都具有很高的可信度。如果皇太极不将阿巴亥铲除，她就可以假托"遗命"，代努尔哈赤任用封、赏、贬、谏等大权，如此一来，哪还有他皇太极什么事？

阿巴亥再精明，也不会想到丧夫之日就是自己死亡之期。在皇太极等诸贝勒胁迫下，她于努尔哈赤死后次日为汗夫生殉。"……诸王以帝遗言告后，后支吾不从。诸王曰（略），于是，后于十二日辛亥辰时自尽，寿三十七。乃与帝同柩。"（清·鄂尔泰·《清太祖武皇帝实录》）

在清代官书中，阿巴亥的入葬过程，仅有此寥寥几笔。

女真人对生殉有着严格的要求。被生殉的人，第一点必须是死者的妾室，正室在非自愿的情况下不得生殉；第二点要求生殉者没有未成年的幼子。对于阿巴亥来说，多尔衮和多铎尚属幼子，不合生殉的条件，而且自己大妃的地位身份又在后宫中最为尊贵，生殉之事无论如何也轮不到她的头上。

可事情毕竟发生了，不能生殉的条件恰恰成为了皇太极处死阿巴亥的理由：多尔衮、多铎兄弟二人尚未成人，更遑论战功，却与那些功名显赫的兄长们拥有同样多的属民及权力；而且，阿巴亥身为大妃，无论继承汗位的人是谁，都存在着受她牵制而且可能会随时被取代的危险。因此，皇太极等人便伪造太祖遗诏，逼迫阿巴亥生殉，除却一大隐患。

努尔哈赤死后后金皇宫中的政权之争就这样结束了。皇太极运用努尔哈赤的"伐木"理论，一步步地战胜了那些与之争权夺位的兄弟，登上了后金政权最高的宝座。在这场仅付出一条性命的宫斗中，皇太极的政治智商显露无遗。

如果说努尔哈赤的特点是"开创"与"坚韧"，那么皇太极的特点则是"文治"与"谋略"。下一步，皇太极将挥起利斧，砍向内政与明朝。

欲擒故纵除隐患

明崇祯二年、后金天聪三年（1629年）十二月十七日，皇太极亲率八旗和蒙古联军十余万兵出关内，直扑北京城。结果在永定门外遭到了大同总兵满桂的重创，只得大肆掠夺一番后班师，返回关外，于天聪四年三月初二，抵达盛京。

但是，放弃关外、偏安辽东岂是皇太极的心愿？一次的挫折算不了什么，壮大自己的实力，伺机而动才是王道。于是，他派阿敏、阿巴泰、济尔哈朗等人率领五千八旗军驻守在关内的滦州、迁安、永平、遵化四座军事重镇。

此时的明廷再度起用孙承宗任辽东经略一职。在孙、袁二人的部属下，明军开始由战略防御转变为集中优势兵力收复辽东失地。首先要收复的，当属永平四镇。

率先迎来明军攻势的是滦州。然而作为此地的最高军事长官，阿敏对滦州的被动无动于衷，拒不发援。滦州为明军所收复。

这时候的阿敏犯了一个更大的错误：他将降金的汉将、并由皇太极钦定的永平巡抚白养粹处死，在永平城中大开杀戒，屠戮无数，紧接着趁着夜色弃城出关，逃亡关外。

身在盛京的皇太极对阿敏在永平城里的作为毫不知情。得知永平四镇被明军所攻打的战报之后，忙派贝勒杜度星夜率兵驰援永平，同时让杜度带去一张敕令，告诫阿敏要对城中官民加以善抚，不得胡作非为。为了保住永平四镇，他甚至已经做好了亲征的准备。

然而，阿敏弃城出逃的行径彻底将皇太极的战略计划打乱，屠城的暴行也对皇太极的权威造成了严重的不利影响。永平保卫战之前，皇太极刚颁布一项的厚待俘虏的上谕，结果阿敏就将之糟践得体无完肤，不但投降的汉族人心寒如冰霜，就连皇太极费尽心思在关内布下的"棋子"也被轻易葬送。这怎能不让皇太极怒火中烧？

阿敏辗转逃回盛京，盛怒之下的皇太极拒绝放他入城。六月初七，皇太极召集诸贝勒大臣，议定阿敏之罪。议毕，命岳托当众宣布，历数其十六大罪状，遂命夺其人口、财物给其弟济尔哈朗，只留庄园八所，将阿敏"送高墙禁锢，永不叙用"。

永平四城的失守，其实只不过是皇太极欲除掉阿敏这个隐患的导火线。

当年努尔哈赤尸骨未寒之时，阿敏便向皇太极提出了一个拥立他为嗣位之人的条件："我与诸贝勒议立尔为主，尔即位后，使我出居外藩可也。"分裂之心昭然若揭。皇太极称："若令其出居外藩则两红、两白、正蓝等旗亦宜出居于外藩，朕统率何人，何以为主乎。"尽管阿敏在支持皇太极继承汗位的过程中起过积极作用，但实质上是不赞同的，并放言"谁畏谁，谁奈谁何"。先汗病死，对于后金是何等危急时刻，而阿敏的三位福晋却"盛装列坐"。

出征朝鲜时，岳托等劝阿敏班师，阿敏却说羡慕明朝皇帝及朝鲜王宫，一定要到王京去看看，还有"屯种以居"的话语。皇太极发现阿敏"颇怀异志"，却隐忍不发。这一招正是帝王常用的手段，要令对方欲加张狂，以便处之有道。

天聪三年十月，皇太极统兵扰明，阿敏留守沈阳。次年春，岳托、豪格率军先还。阿敏出迎，居中而坐，令留守诸臣坐于两侧，"俨如国君"。

次年，阿敏受命驻守永平后，对皇太极委任的城中汉族降官、招徕的乡民极为反感，任意杀害。又擅自在明军将至之时弃城逃回沈阳。

皇太极先拿堂兄开刀，采取故意放纵的策略，不动声色地除掉三大贝勒之一，又使其余诸人无法反对，高明之至。削夺二贝勒之举自然引起了另两大贝勒的警惕，尤其三贝勒莽古尔泰，对皇太极的做法大为不满。

莽古尔泰性格鲁莽、暴躁，因为心有怨言，自然在行为举止上表现出来。这正是皇太极所希望的。

天聪五年（1631年），皇太极统军进行了大凌河之役。一天，皇太极到岳托营巡视。莽古尔泰与岳托一同上奏说："昨日之战，我旗中将领受伤者较多，我旗下的士兵，有的跟着阿山出哨去了，有在达尔汉额附的营中当差者，能不能让我把他们收回来？"

皇太极故意用怒气的语调说："我听说你所率领的部队，凡是被差遣到外面去的，都是违反军令的。"

莽古尔泰不服气，道："我的部队那里曾违反了军令？"

皇太极回答说："果然，是别人的诬告；我回去后亲自追究诬告者的责任。"

莽古尔泰一时按捺不住，愤怒地说："大汗你应当公正处事，为什么非要与我为难？我出于考虑到大汗的颜面，无论什么命令都完全服从，你们不肯放过我，难道还想要置我于死地不成？"并伸手将佩刀拔出刀鞘五寸许，用眼斜睨着皇太极。

当时莽古尔泰的弟弟德格勒也在场。德格勒劝阻他，不听；挥拳殴打他，仍怒骂不止。事情发生后的第二天，莽古尔泰以"饮酒过度狂态失言"为辞，向皇太极叩头请罪。众贝勒大臣议论说，莽古尔泰拔刀露刃,"欲犯上,大不敬"。皇太极遂降其秩(降和硕贝勒秩同诸贝勒),罚银万两及马匹甲胄若干。

同年十二月,礼部参政李伯龙奏定朝仪说,诸贝勒皆言莽古尔泰不当与皇太极并坐。皇太极说:"从前跟诸位平起平坐,今天却不是这样,要是让外人知道,会怀疑我怠慢了各位兄长。"

代善主动说:"我们既然已经拥立大汗为君,再与大汗平起平坐,恐怕会遭到国人的议论,说我们已经奉大汗为君,还与大汗平起平坐,于礼不合。如果仍像以前那样,必定受到上天的惩罚。所以自今以后,大汗在南面中间坐,我与莽古尔泰在侧面陪坐,外国蒙古诸贝勒等人,就坐在我和莽古尔泰的下面。"

这种座位的变易,不只是表示朝仪的形式,也是后金内部渐趋统一的明证。

次年,三贝勒莽古尔泰在忧郁中死去,又一大势力被皇太极轻易削除了。

削除阿敏、莽古尔泰十分容易,二人一个有不臣之心,一个性如烈火,容易做出授皇太极以口实的事,而削除大贝勒代善就比较困难了。代善素无异心,且性格平和,并曾力主拥立皇太极,想将他削除,必须找到理由。而代善此时已是权力仅次于皇太极的人物,若不削除他,皇太极之前的努力等同于徒劳。

天聪九年(1635年)十月,大贝勒代善盛情款待了三贝勒莽古尔泰的妹妹哈达公主莽古济格格。皇太极对莽古济格格贝成见本来就很深,见代善宴请她大为震怒,声称"正红旗的诸贝勒轻视我"。不久,皇太极历数代善不遵旨令、悖乱多端等罪,但这些罪名不足以作为削除代善的借口,因此皇太极声言"别举一强有力者为君",从此杜门不出。众贝勒大臣闻讯人人惶恐,到朝门外跪请皇太极出朝听政,还哀告说:"大小纲纪,俱听睿裁。"从此,大贝勒代善几乎被削夺了大贝勒的名号,其子贝勒岳托、萨哈廉也因此受到牵连,俱同时获罪任罚。

十一月，莽古济的家仆冷僧机忽然到刑部自首，告发正蓝旗主莽古尔泰、德格勒生前曾与莽古济、索诺木（原蒙古敖汉部长，归附后金后，取莽古济公主为妻）屯布禄、爱巴礼等跪焚誓词，结党为乱，图谋不轨，于是构成惊动一时的大案。在抄没莽古尔泰的家时，果然查获"所造木牌印十六枚，视其文，皆曰：'金国皇帝之印'"。皇太极于是严厉镇压参与其事者。莽古济及其夫索诺木以"谋危社稷""逆迹彰著"的罪名被处死。屯布禄、爱巴礼及其亲支兄弟子侄俱磔于市。莽古尔泰有两个儿子被杀，其余六子同德格勒之子皆废为庶人。正蓝旗附入皇太极旗，被吞并。皇太极长子豪格由两黄旗分出，专门主管重新编制的正蓝旗。

天聪末年，皇太极实际上已经控制了两黄、两蓝、两白六族，势力还渗入镶红旗，结束了"八和硕贝勒共理朝政"的局面，开始"制令统于所尊"。后金的朝政大权完全掌握在了他的手中。

第四章

崇祯：有心无力的帝王

年轻新帝有心机

明天启七年八月，紫禁城。

崇祯帝朱由检瞟了一眼殿下跪着的四位美女，冷哼一声，不置可否，魏忠贤的如意算盘成了竹篮打水。

要知道，魏忠贤在这四位国色天香的美女身上藏了一颗香丸，名曰"迷魂香"。顾名思义，闻此香日久，会对神经系统产生不可逆转的破坏，人也就变成了白痴。魏忠贤想要用这个办法，来控制住刚刚登基的朱由检，继续天启年间的作威作福。

令人他没想到的是，16岁即位的朱由检对于自己贡献的美女毫不动心。也不知道是皇上天性淡漠，还是对自己产生了戒备之心，魏忠贤心里十分惶恐不安，当即以退为进，在崇祯帝即位后的第七天，便上表请求致仕。

继承兄位的崇祯帝朱由检早在天启帝在位时便对魏忠贤极为不满。一朝权在手，便想将这个祸国殃民的旷世阉佞狠狠地治理一番。但他深知，阉党盘根错节，牵一发而动全身，一旦轻举妄动，便会打草惊蛇。若是逼得阉党狗急跳墙，那后果将不堪设想。于是，崇祯帝暗暗打定了各个击破的主意。

首先，他将魏忠贤请求致仕的上表驳回，稳定住阉党那颗躁动不安的心，留给他们一线希望。

其次，崇祯帝示意朝中群臣上书对魏忠贤及其阉党进行弹劾。一时之间，对魏忠贤党徒的弹劾奏章像雪片一样地飞向思宗。号称"五虎"之首的崔呈秀首先受到攻击，崇祯将其兵部尚书的职务撤除。随即便有大臣开始揭发魏忠贤的罪行。浙江嘉兴的贡生钱嘉征上书弹劾了魏忠贤的十大罪：

一并帝（架空皇帝），二蔑后，三弄兵，四无二祖列宗，五克削藩封，六无圣，七滥爵，八掩边功，九朘民，十通关节。

——《明史·魏忠贤传》

这其中的任何一条罪名都足以使他灭门。

崇祯还是没有直接对魏忠贤采取动作，而是先拿魏忠贤的对食客氏开刀。

所谓"对食"，是古代宫中一种太监和宫女的配合方式。得宠的太监便可结交一名宫女，由她照顾衣食起居，或者是由皇上特别赐予，令他们建立家庭。其实这是虚凰假凤，并非真夫妻，称对方为"对食者"，而这种关系则被称为"对食"。

魏忠贤的对食正是客氏——天启帝的乳母。魏忠贤在朝中颐指气使，客氏则在宫里作威作福，她胁持皇后，迫害宫女，无恶不作。偶尔出皇宫一次，也是前呼后拥，气派非常。她与魏忠贤狼狈为奸，将威严富丽的皇宫，变成了一座藏污纳垢、罪孽深重的人间地狱。想要扳倒魏忠贤，拿客氏开刀最为稳妥。

崇祯帝下旨：由于明熹宗龙驭上殡，其身边之人于礼应当被打入冷宫。但客氏是大行皇帝的乳母身份，不宜居于冷宫，因此，令客氏搬出皇宫。

客氏无奈，把熹宗的胎发、痘痂以及自小到大换下来的牙齿和剃下的须发收集起来，装在一个小盒里，一路号哭着离开皇宫。她也知道，自己这一去，必是凶多吉少。

崔呈秀的罢官和客氏的离去，让魏忠贤顿感大势已去。但皇上不允致仕，他也只能在胆战心惊中等待自己的末日。不过，他还抱有一线希望。

钱嘉征弹劾魏忠贤十大罪之后，朝中耳目众多的魏忠贤便听到了风声，连忙入宫哭诉。可这个时候的痛哭流涕又有何用？崇祯不是那个木匠皇帝天启，鳄鱼的眼泪对朱由检没有任何效果。

当下，崇祯便命左右朗读原疏，魏忠贤惊心动魄，只是磕着响头。魏忠贤大约磕了百十来个，但根本没能换来崇祯的心慈手软。

魏忠贤毫无办法，只得拿出自己的家私重宝，贿赂信邸太监徐应元，托他在皇帝面前美言几句。徐应元受人钱财，倒也懂得替人消灾。更何况他本来是魏忠贤赌桌上的朋友，很痛快地便答应了，赶到崇祯面前替魏忠贤说情。然而决心已下的崇祯还没等徐应元把话说完，便将他臭骂一顿，撵出宫门。魏忠贤最后的努力宣告失败，最后一丝希望，变成了彻底的绝望。

徐应元说情的次日，崇祯帝便颁布一道严旨：

逆恶魏忠贤，盗窃国柄，诬陷忠良，罪当处死。姑从轻降发凤阳，不思自惩，犹畜亡命之徒，环拥随护，势若叛然。著锦衣卫速即逮讯，究治勿贷！

——《明史·魏忠贤传》

凤阳何地？安徽凤阳正是明朝开国之君朱元璋的出身之地，朱家祖坟之所在。崇祯将魏忠贤派到那里守坟，无异于判了个无期徒刑。

魏忠贤无奈接旨，离京上路。虎瘦威风在，魏阉虽已失势，但党羽依然如织。离京路上，所带随从数百人之多，40车珠宝、千匹马随行，不似被贬，反倒像出巡。

崇祯岂能让魏阉如此风光？闻听之后，当即追加一道旨意：

朕临御以来，深思治理，乃有逆党魏忠贤擅窃国柄，奸盗内帑，诬陷忠良，草菅多命，狠如狼虎，本当肆市，以雪象冤，姑从轻降发凤阳，岂巨恶不思自改，致将素畜亡命之徒，身带凶刃，环拥随护，势若叛然，朕心甚恶，着锦衣卫差的当官旗前去扭解，押赴彼处交割，其经过地方，着该抚按等官，多拨官兵，沿途护送，所有跟随群奸，即时擒拿具奏，毋得纵容遗患。若有疏虞，罪有所归，尔兵部马上差官星速传示各该衙门。

——明·计六奇·《明季北略》

崇祯把话说得很决绝："魏忠贤绝不可能再存在于世上。"先时已经是从轻发落，没有取他性命，而这个魏阉依旧风光逍遥——被发配还摆出了一副巡游的架势。虽然崇祯明知道区区几百人成不了大气候，但毕竟是一个隐患。魏忠贤不死，崇祯就睡不了一个安稳觉。所谓的魏忠贤有谋反之心，只不过是一个借口罢了。唯有让其所经之路的各地方官员配合锦衣卫将魏忠贤正法，才是一劳永逸的解决办法。

旨意下达之时，魏忠贤正走到河北阜城，在驿馆之中歇息。忽然听到耳目传来的消息，知道锦衣卫正在快马加鞭地追赶。心知一旦被拘入京，小命必定不保。

正在此时，耳畔传来一阵《挂枝儿》的歌声：

……随行的是寒月影，吆喝的是马声嘶。

似这般荒凉也，真个不如死……

这首《挂枝儿》的另一个名字是《五更断魂曲》，曲分五段，从一更唱到五更，由京师里一位姓白的书生所作。魏忠贤听到之后心里更加郁闷。再加上锦衣卫的步步逼近，当下只得长叹一声，与干儿子李朝钦用一根绳子了结了自己的性命。

旷世阉佞终于结束了他的一生。

崇祯帝继位便诛杀魏忠贤，对前线抵抗后金的将士来说，无疑是莫大的鼓舞。

崇祯帝继位之初的所作所为，让大明君臣看到了一丝中兴的曙光。不可否认，朱由检诛杀魏忠贤、重整朝纲的举动确实为明君之手笔。然而，此时的大明帝国已不单单是诛杀了一个魏忠贤便可换来国泰民安。与后金多年的征战已经耗尽了大明帝国的精血，朝中的党争更让自朱元璋以来元气损失殆尽。崇祯帝所尽力支撑着的，不过是一个千疮百孔的破屋子罢了。纵使巾帼英雄与热血男儿齐齐上阵，也不过是勉力维持着这座腐朽的大厦。

无业"草根"闯京城

李自成是陕北米脂人，自小就喜欢打拳踢腿、舞刀弄枪。年轻的时候在驿站管理马匹。不过他运气不好，这份差事干了不久，就因为丢失公文丢了饭碗。没有工作，李自成只能闲坐家中，借债度日。债主三天两头上门搅扰，妻子又不安于室。李自成索性一刀宰了债主和妻子。为了避免吃官司，李自成逃到了甘肃投军，不久便因作战勇猛，被提拔为把总，可很快他又因为欠饷和参将吵了起来，这时候李自成的暴脾气又发作了，手起刀落，参将和当地县令双双毙命，李自成也扯起了反旗。

带着一只小队伍的李自成四处投靠农民义军，但这些义军先后被朝廷招安。李自成不得已，东渡黄河来到山西，投奔了自己的舅舅、号称"闯王"的高迎祥，受到其舅重用，被封为"闯将"。

朝廷对于高迎祥等人颇为忌惮，屡派重兵前往围剿，但李自成一则打仗悍不畏死，二则足智多谋，因此很难对付。中原五省总督陈奇瑜曾经将李自成军包围在兴安车箱峡中，眼看要全歼义军，但李自成买通陈奇瑜的幕僚，伪装投降，获得了喘息的机会。待一出峡，立刻复叛。后来洪承畴接任五省总督，义军损失惨重，不得不采取李自成"分兵定向、四路攻战"的作战策略，挥兵南下，袭取安徽凤阳。凤阳作为明太祖朱元璋的"龙兴之地"，沦陷于义军之手，对明王朝来说是一个沉重的打击。没过多久，高迎祥兵败被杀，李自成接任"闯王"。尽管张献忠因故出走，但李自成的军势并未因此受到影响，而是继续在四川、甘肃、陕西一带与明军周旋。

在进行了几年的游击战之后，李自成趁明军与后金军在山海关长城一线争夺，中原空虚之际，率领大军猛扑河南。适逢天灾，大量饥民加入义军，无论是数量还是士气，明军都不是对手，只能望风披靡，节节败退。崇祯十四年（1641年），李自成攻破洛阳，擒杀福王朱常洵。朱常洵是万历皇帝的儿子，由于深得万历宠爱，一再受封获赏，富可敌国。李自成缴获了福王的财产，军势大振，遂兴起了攻灭明朝取而代之的想法。

崇祯十七年（1644年）正月，李自成攻占西安，改名为西京，建立大顺政权。随即亲率百万大军东征，目标便是明王朝的首都北京。此时的农民义军，早已不是流寇山贼，而是训练有素、作战威猛的正规军。李自成一方面发榜安民，号召民众起来反抗明朝统治；另一方面连战连捷，席卷山西，攻克太原、大同。进兵神速，转眼之间逼近了京城。

此时的明王朝已经是摇摇欲坠，虽然崇祯急忙组织各地明军前来抵抗，但大多一触即溃，各地官吏更是纷纷开城投降。李自成几乎没有遇到什么像样的抵抗。到三月中旬，已经进抵北京城下。崇祯急得跳脚大骂群臣，但大臣们都各怀鬼胎，低头不语。明王朝真的是日薄西山，快要灭亡了。

据说，在农民义军攻打北京前夕，李自成曾经派遣明朝降官秘密进入北京与崇祯谈判，要求崇祯裂土封疆换取和平。根据史料记载，李自成要求"割西北一带分国王并犒赏军百万,退守河南……闯既受封,愿为朝廷内遏群寇,尤能以劲兵助剿辽藩。但不奉诏与觐耳"。但崇祯帝仍然以天子自居,宁可一死也不同意偏安一隅、苟且偷安。

议和既然不成,李自成只好以武力解决问题。在红衣大炮震耳欲聋的开炮声中,农民义军呐喊着向北京城发起了冲击。城内守军毫无还手之力,纷纷四散逃窜。讽刺的是,崇祯的宠臣、守城总管、宦官曹化淳率先打开外城广宁门投降;第二天,宦官王相尧、兵部尚书张缙彦、朱纯臣等人也纷纷打开自己把守的内城城门。大顺军顺利占领了北京城。真正成为孤家寡人的崇祯帝只得吊死在煤山古树下。

第五章

轮番上场唱主角

君王有罪无人问

京师,万岁山,东方未明。

在大顺兵因搜索而掀起的一片嘈杂声中,崇祯皇帝朱由检带着一身的血迹,在内府太监王承恩的搀扶下跟跄着脚步,来到了寿皇亭(今景山公园三间房)旁。

眼望山下的大顺兵如蝼蚁一般蜂拥而上,崇祯心知大限已到,也不做他想,在王承恩的帮助下最后一次整理好衣服,然后摘下皇冠,披散开头发遮住脸,仰天长叹。手握亭梁上垂下的三尺白绫,突然有了一种解脱的感觉……

王承恩跪望"以发覆面,白袷蓝袍白细裤,一足跣,一足有绫袜"自缢于亭上的崇祯皇帝,大放悲声,旋即,亦在崇祯的对面自缢。

这一天，是崇祯十七年，永昌元年，顺治元年，公元1644年3月19日。

巍巍万岁山，密密接烟树；
中有望帝魂，悲啼不知处。

——清·樊彬·《燕都杂咏》

崇祯皇帝自缢之处，至今尚无定论，是故有樊彬"悲啼不知处"之说。流传最广泛的说法就是其自缢于煤山，亦即万岁山的民间俗称，也就是今天的景山。之所以被民间称为煤山，是因为景山下边堆过煤；又因为传说该山压住了元朝的龙脉，而俗称镇山。综合各种史料来分析，虽其中略有差异，但大致上也可以认为在此处了。

最大的疑问是，崇祯皇帝朱由检所自缢的那棵树是什么树。流传最广的说法是槐树，而据正史显示，崇祯皇帝是自缢于寿皇亭中而非树上：《明实录·崇祯实录》卷十七记载："（崇祯）登万岁山之寿皇亭。俄而上崩……"《明史·流贼传》云："以帛自缢于山亭，帝遂崩。"《明史纪事本末》卷七十九亦说："逐仍回南宫，登万岁山之寿皇亭自经。"另有几部野史也如此记载。但在赵士锦的《甲申纪事》中记载："得先帝遗弓于煤山松树下，与内监王承恩对面缢焉。"《明孝北略》卷二十云："崇祯……自尽于亭下海棠树下。"《三垣笔记》则曰："遂同承恩对缢煤山古树下。"松树、海棠树、古树……总之是没提到槐树。事实上，崇祯皇帝应该是自缢于寿皇亭中而非树上。据《明史》记载，李自成的大顺军是在崇祯自尽之后的第三天才发现他的尸体。若是自缢于树上，那么多的士兵都搜不到，不符合常理。只有崇祯自缢于一个隐蔽之所，才有可能让李自成在三天之后方找到他。

实际上，自缢槐树一说出自清军入关之后。崇祯自缢之后，多尔衮是以剿灭逆贼李自成的名义而入主紫禁城的。为了进一步巩固群众基础，笼络民心，对崇祯皇帝的死表示惋惜，特意在景山上找了棵槐树，并将之称为"罪槐"，树身加以铁索，并立碑供民间悼念。虽然这棵槐树几经战乱、数度毁于战火，但人们总是在原址处再植新株，而这棵"罪槐"也一直背负着沉重的罪名，直至今天。

"罪槐"前曾书有一副对联，联曰："君王有罪无人问，古槐无过受锁枷。"此联可谓恰如其分地指出了令明王朝灭亡的罪魁祸首是谁，正是崇祯皇帝、明思宗朱由检。诚然，自万历十五年之后，大明之灭亡已成定局，只不过是时间的问题，但崇祯帝即位后的所作所为，却加速了本已风雨飘摇的明王朝的倒下。

明朝崇祯帝即位后，诛灭客、魏，一时颇有重振朝纲、挽救危亡之势。但是，魏忠贤失败后，阉党仍企图操纵朝政，长期延续的党争并没有消除。加之崇祯专擅自用，对文臣多有猜疑，对武将任意杀戮，屡斩败将，臣下为保住脑袋多求避祸，少有谏言。统治集团长期动荡，上下官员贪贿风行，军兵日益虚溃。

朱由检惯用的伎俩就是用小动作掩人耳目，他最勇敢的事是杀人。他发脾气时，像一头挣脱了锁链的疯狗，人性和理性全失。一个城市沦陷，就把守城的将领杀掉。

他对饥饿的武装群众也恨之入骨。有人向他提及饥馑和官员乡绅贪暴，他就发怒，发怒的原因是他无法解决，所以他不愿听到。不过他却相信小动作可以帮助他，确信仅虚心假意地表演一下就能掩盖天下人的耳目，所以他不断地宣布"避殿""减膳""撤乐"，不断地声言流寇也是他最亲爱的赤子，不断地下令政府官员自我检讨。有一次还把宰相们请到金銮殿上，向他们作揖行礼，说："谢谢各位先生帮助我治理国家。"然而不久就大发雷霆，把他谢过的"各位先生"杀掉了。

朱由检的急躁性格使他好大喜功，并且认为重刑是促使他部下创造奇迹的动力。但有才干的部下又使他如芒刺在背，他只能用宦官型的恭谨无能之辈，只有在这种人面前，他才心情愉快。朱由检常叹息他无缘得到岳飞那样的将领，其实,恰恰相反，他已得到了一位"岳飞"，那就是袁崇焕，结果却用冤狱酷刑对待他。

即使他在死之前都不忘记用小伎俩掩人耳目，他在自缢之前留下这样一份遗书：

朕凉德藐躬，上干天咎，然皆诸臣误朕。朕死无面目见祖宗，自去官冕，以发覆面。任贼分裂，无伤百姓一人！

意思是说：虽然由于我品德不好，上天才降下亡国惩罚，但也是群臣误我。我死无面目见祖宗于地下，所以我脱去了龙袍皇冠，用头发挡住脸。任凭逆贼割裂我的尸体，请不要迁怒与百姓，不要妄杀一个无辜。

这份遗书可能是后人伪造的，也可能是真的，它充分显示了朱由检用小动作掩人耳目的伎俩。他把失败的责任一股脑儿推到别人身上，自己责备自己品德不足，并不是真心地承认错误，而只是用以烘托群臣的罪恶。问题是，群臣中没有一个人出于民选，全部由朱由检任用，不知道他为什么专挑选一些"误他"的人当他的政府官员。朱由检要求"逆贼"不要伤害人民，他也知道"逆贼"不会听他的，这种廉价的文章，不过企图留下他非常慈悲的印象罢了。

崇祯死了，大明王朝不复存在；三尺白绫，悬起汉民族最后一个封建王朝在中原统治的句号。朱由检为他的刚愎自用买单，却用整个帝国来为他陪葬。

与此相反的是李自成的大顺政权。自李自成起兵以来，始终打的是"高筑墙、广积粮、缓称王"和"迎闯王、不纳粮"的口号，为其赢得了广大备受乱世折磨之痛的农民的拥护，这也是其能迅速打出一片江山的原因之一。然而，农民起义军始终存在着它的局限性。李自成在紫禁城仅仅坐了42天的龙椅，便带着无限的惆怅离开了紫禁城。而导致这一切发生的，是大明王朝最后的一支精锐部队的将领——吴三桂。

左手借兵剿匪，右手开门揖清

尽管手中握着沉甸甸的山海关，吴三桂此时却不知道自己应该将山海关交给谁，唯一可以肯定的是李自成绝不再有机会了。吴三桂斩杀了李自成派来的使者，宣告与李自成彻底决裂。

吴三桂选择与大顺政权彻底决裂，是李自成始料未及的。这在大顺朝中也引起一场轩然大波。李自成手下也分成了两派。一派主张立即予以征讨，另一派则主张暂时放置。

由于李自成手下大将刘宗敏、李过等人沉醉于追缴赃银、拷掠明朝旧臣，因而对于此时率军追剿吴三桂不感兴趣，加之李岩、牛金星、宋献策等文臣基于策略的考虑，以"新得京师，人心震迭，吴军素能战，不可轻视"为由，认为现在不宜出兵。他们认为应该暂时维持现状，仍以招降为主。

李自成力排众议，宣布御驾亲征。于是，李自成率兵十万，号称二十万东出京师。在宣告与大顺政权彻底决裂后，吴三桂已经没有可能再回头，一场生死决战无法避免。然而战斗还未开始，吴三桂已经预料到无可挽回的结局。李自成的军队有十万之众，而吴三桂的军队却连他的一半都没有。以区区三四万兵马却要与关内李自成的十万大军相抗衡，吴三桂深知自己没有半分胜算。此时的吴三桂想到了关外的清朝，但这样的念头，又深深地刺痛了吴三桂高傲自负的内心，更让他难以接受的是舅舅祖大寿竟然还写来了亲笔信，替满洲人劝降。随信而来的还有皇太极的敕书。多年来他都以高傲的姿态拒绝清朝的招降，然而如今能同李自成大军相抗衡的力量唯有清军。面对绝境，吴三桂渴望竭力奋争。他要对命运反戈一击，试图冲出命运为他设计的险恶陷阱。此时摆在他面前的只有一条道路。

而就在此前，当吴三桂放弃宁远城撤入关内之时，大清帝国便得知了这一好消息。摄政王多尔衮清醒地意识到他建立千秋伟业、青史留名的机会来了。而几乎就在李自成攻陷北京的同时，身为清廷重臣的范文程便察觉到了明朝大厦将倾的异样，随即奏请清廷挥师南下，入主中原。

1644年的农历四月初四，清廷急召在盖州汤泉养病的范文程入盛京参与决策。范文程指出了李自成肆意刑讯拷问明朝大臣、强行向在京官僚商人追赃、贪图子女玉帛等恶行,并断言清军"可一战破也",并以"我国上下同心,兵甲选练,声罪以临之,畔其士夫,拯其黎庶,兵以义动,何功不成"为由,极力劝说多尔衮率军入关,而且他还建议清军改变以往屠杀、掠夺明朝百姓的弊政,称:"古未有嗜杀而得天下者……若将统一华夏,非义安百姓不可。"

而多尔衮素有吞并中国的野心,于是当机立断,下令连日召集兵马,除少数兵马留镇盛京外,其余十多万八旗精锐尽出,涌向中原。史载:"男丁七十以下,十岁以上,无不从军。"清军原本打算从西协和中协入关,然而大军行至翁后时,他却接到了吴三桂的请兵信。

四月十二日,吴三桂亲自写请兵信给昔日不共戴天的敌人多尔衮。不但许诺给予清朝金银、布匹等物,而且还承诺"将裂地以酬"。

三日后,吴三桂致书多尔衮:

我朝李闯作乱,攻陷京师,先帝惨遭不幸,祖庙化为灰烬。三桂受国厚恩,据守边地,意欲为君父复仇,怎奈地小兵少,不得不泣血而求助。我国与北朝(指清朝)通好二百余年,今无故而遭国难,北朝应亦念之,而且乱臣贼子当也北朝所不能容之。夫除暴安良者大顺也,拯危扶颠者大义也,救民水火者大仁也,取威定霸者大功也。索闻大王乃盖世英雄,值此摧枯拉朽之会,诚为时不再得,乞念亡国孤臣忠义之言,速印立选精兵,直入中原,三桂自率所部,以合兵而抵都门,灭流寇之宫阙,而示大义于中国。

则我国之报于北朝者,岂惟财帛?行将裂地以酬,决不食言!

此信中,吴三桂并没有提出降清之事,而仅仅是恳求多尔衮出兵剿灭李自成的义军。他此时自居的身份为"亡国孤臣",要的是再建明朝。换句话说,他仅仅是要借助清的军事实力,来实现复国之愿罢了。

此时的多尔衮不再以吴三桂所言的"不唯财帛,将裂地以酬"为满足,他的志向是入主中原。多尔衮趁此大事要挟,强迫吴三桂率部投降,拱手让出大明锦绣江山。吴三桂已别无选择。

李自成已经大兵压制山海关,多尔衮按兵不动,等待吴三桂给一个降清的肯定答复。如果吴三桂单以自己的力量去与李自成对抗,势必难以为敌。此际再降李自成?早无可能、唯有依多尔衮所示,亲往清营,剃发跪拜,方能让自己的身家性命不至于毁于一旦。

万般无奈之下,吴三桂只得将自己从忠君报国的道德外壳下剥离出来,于四月二十二日投降了清朝。次日,清军也随即入关,但入关后的清军依然是按兵不动。多尔衮命令吴三桂率领关宁铁骑作为先锋,与李自成的大军进行激战。大战一触即发,军令如山。无可奈何的吴三桂只得率部首先冲入敌阵。战争持续到中午时分,孤军奋战的关宁军已陷入大顺军的重重包围之下,正当吴三桂感到绝望之时,清军终于从右翼杀出,将已鏖战多时、筋疲力尽的大顺军杀得溃败不堪,毫无思想准备的大顺军在惊呼中兵败如山倒。

有的人认为李自成败于"马上得天下,不能马上治天下"。李自成拥有大批的能征善战的将士,但缺乏一支完成统治治理工作的文官队伍。在攻下大片领土后,治理人才奇缺的弊端就逐渐显现出来,致使李自成后来损失惨重。

有的人认为战略上的巨大失误导致了李自成的失败,李自成战略的巨大失误表现在没有把清朝这个一直想入主中原的强大集团包括在战略形势判断里,正因为如此,李自成才采取了直取北京的战略。如果没有清朝的干预,以李自成的实力,是可以勉强对付张献忠集团、南明集团和吴三桂集团的。

以上说法似乎有各自的合理性,但并不代表就是历史的真相。李自成雄师百万究竟惨败于何,仍然是一个历史之谜。

吴三桂开门揖清,满洲人入主北京。努尔哈赤父子的努力终于收到了回报,但,努尔哈赤与皇太极,谁也没有等到这一天。

女人也有狠手段

明崇祯十六年(1643年)十一月,在自己的事业即将取得全面胜利的时候，清太宗皇太极突患病暴亡，享年52岁。与皇太极相伴18个春秋的庄妃悲痛欲绝，一再提出要效法前代皇后，为皇太极殉葬。但诸王、贝勒尊重她的处世为人，都很拥戴她。他们全力劝阻，理由是太宗子孙幼小需要母亲的照看。在众人的劝慰下，庄妃才稍为平静下来，全力以赴地去完成皇太极未竟的事业。

皇太极死得突然，由于他生前未能指定皇位继承人，按旧制应由八王共举"贤者"。于是，满洲贵族内部围绕帝位继承问题，展开了一场激烈的斗争。

皇太极有11个儿子，肃亲王豪格为长子，当时34岁，为皇太极继妃所生。豪格早在太祖、太宗时期就曾领兵南征北战，颇有战功，实力很强。其他皇子当时年龄都还小，最大的也不过十六七岁，他们既没有战功，也没有地位，毫无竞争能力；另外，多尔衮和其弟多铎，因战功卓著，封为睿亲王和豫亲王，其兄阿济格封为英亲王，极具竞争力。努尔哈赤死时，多尔衮因为年幼，母亲被逼殉葬，皇位为皇太极所得。现在皇太极死了，他正当盛年，如以兄终弟即的方式入承大统，从情理上是可以说得过的。资历最老的大贝勒代善，因年老体弱，已没有继位之想，可他也有相当的实力。他在观望着，谁继位对自己更有利，自己好坐当渔翁。可以说，当时最有能力继承皇位的，就是豪格和多尔衮了。

双方实力如何呢？皇太极曾亲自统率的正黄、镶黄两旗拥立豪格，豪格本人又统正蓝旗，在满洲八旗中，他已拥有三旗的力量，索尼、鳌拜等大臣也支持他。多尔衮拥有的力量是两白旗，他还得到了多铎、阿济格的支持。双方势均力敌，为继承皇位各不相让，和不可得，拼则两伤。庄妃悲痛之余，已感到剑拔弩张之势，听到磨刀霍霍之声，她想，难道太祖、太宗创立的大清基业，就在这自相残杀中毁掉吗？在清宁宫的权力还没有完全丧失之前，她要运用这个权力，为自己的命运去搏斗。她想到了福临，看来，自己的命运要靠儿子来改变。她冷静了许多，在分析着形势，筹划着计策。

经过几个昼夜仔细认真地思索，庄妃终于想好了一个折中方案：她要把福临推上皇位。这有可能成功，推出福临，可以使双方白热化的矛盾降温，再说福临的背后，有忠于皇太极、忠于后妃的两黄旗，还有科尔沁的支持。庄妃的性格、才智、勇敢促使她去进行一次冒险的尝试。

庄妃决定之后，立即找皇后商量。她要靠皇后这棵大树庇护，向皇后分析了目前的形势。皇后听完庄妃的话以后，深感害怕：不管豪格还是多尔衮谁继位，都要发生一场血战，结果都是不堪设想的。于是，她决定支持庄妃，让福临继位，以保住清宁宫的特权，避免相互残杀。然后，皇后和庄妃一起劝说豪格支持这个方案。豪格虽然明白这个道理，却总觉得委屈。

几乎与此同时，急不可耐的多尔衮在三官司庙召大臣索尼询问册立之事。索尼道："先帝有皇子在，必立其一。其他的我不知道。"

"必立其一？"除豪格外，还会是哪个皇子呢？多尔衮在沉思。

代善德高望重，又有实力，争取他的支持很重要。说通豪格后，庄妃和皇后立即召大贝勒代善入宫，争取代善的支持。代善害怕豪格与多尔衮反目为仇，自相残杀。可当皇后提出要立福临时，他沉默了。他想，如果立福临，庄妃不就听政了吗？大清国说什么也不能掌握在一个女流手中！庄妃似乎看透了他的心思，诚恳地对代善道："大贝勒索以国事为重，请放心，福临继位后，我退居后宫，深居简出，决不参政。"代善终于默认了。

抓住这个时机，庄妃决定面见多尔衮。当她来到睿亲王府时，多尔衮吃了一惊。庄妃微微一笑，开门见山，单刀直入地道："我来睿王府，是和你商议嗣君事宜的。论功劳地位，你是有资格登大位的。但先帝有子，头一个豪格就不会甘心。先帝其他年长的儿子，以及代善一支，都会反对你。到那时，国中岂不就大乱了吗？"

"先皇在日，就有立我的说法，我整整等了17年。"多尔衮无不愤慨地道。

庄妃为了平息多尔衮的火气，语气非常缓和，道理却十分中肯，只听她缓缓地道："王爷要以国家为重。大清基业初定，宏图尚未成功，我怕兄弟反目，有愧两代先王。清宁宫决意不会拥立肃亲王豪格。他虽然是太宗皇帝的长子，为人又忠厚直爽，但只知其武，不知其文。今后大清要叩关而入，问鼎中原，这副担子他挑不起来。"多尔衮听到后宫不再拥立豪格，松了一口气。

"我有一个主意，特来和王爷商量。"庄妃接着道。

多尔衮道："皇嫂说出来听听。"

庄后见时机已到，忙道："我儿福临，年方六岁，可以让他继承皇位，以王爷为摄政王，全权负责军国大事。这样安排，诸王贝勒不好公开反对，而王爷又能控制实权。不知王爷意下如何？"

多尔衮见庄后说得合乎情理，言语中不仅表现出对自己的关怀，更分配了自己的权力。终于决定服从皇嫂的意见，并表示全力协助其侄福临登上皇位。

崇德八年（1633年）八月二十六日，福临在沈阳继承帝位，第二年改元顺治，是为清世祖，尊哲哲皇后和生母庄妃为皇太后。

一场即将剑拔弩张、血流成河的争位之战，就这样被庄妃无形地消灭于千钧一发之中。并且，她为儿子夺得了万人之上的荣耀，为自己赢得了太后之位，更在不久之后，为中国的历史，抹上了浓重的一笔。

第二卷

跃马中原,扶摇直上

第一章

忍辱负重，少年皇帝不简单

康熙登基另有推手

中国历史从秦始皇开始，就从来没有在皇位继承的问题上被外国人干涉过。但当历史的脚步前行到清朝的顺治十八年（1661年）时，该谁当皇帝，这件原本该是中国人自己拿主意的事，却被一个德国人硬生生地横插一竿子。

这名德国人的插手居然改变了中国历史，让本来排不上号的三阿哥玄烨成为下一任帝王，这才有了长达61年的康熙王朝，有了"康乾盛世"。这个德国人历经明清两朝的更替，先后侍奉过崇祯、顺治、康熙三位帝王，他就是传教士汤若望。

汤若望之所以能影响到玄烨的继位，主要得益于他杰出的口才。顺治皇帝被他说服，信奉基督教，从而影响顺治的思想。

汤若望与皇室的渊源可以说是一个传奇。明朝末年，西方国家走上了全球殖民扩张的道路，扩张之前，他们先派传教士到国外去探路、打探情况，汤若望就是在这样的背景下进入中国。

说起这位传教士，就不得不提他的出身背景。1592年，汤若望出生于德国科隆的一个贵族家庭，他从小就接受了良好的教育，而且成绩优异，后来被保送到罗马的日耳曼学院研修神学，从而成为上帝的使者，做了一名专业的传教士。

1619年，汤若望在法国神甫金尼阁的带领下到达澳门，3年后进入广东，一年后，又转到了北京。他所掌握的西方科学知识，深得明朝政府的户部尚书张问达赏识，被聘任为政府专员。汤若望就这样进入仕途，他与当地百姓结下不错的人缘，凭着自己带来的西洋玩意，让人们对他产生了好奇、喜爱之心。

汤若望十分敬业，他编写了科学文论，译著历书，推步天文，翻译德国的矿冶书籍，给明朝带来丰富的新知识。同时，汤若望还不忘宣传他的基督教义，只可惜汤若望还没有说服崇祯信奉基督教，崇祯就被逼死在煤山上了。

明亡清始，汤若望换了个主子接着宣扬基督教义，与崇祯不同的是，顺治皇帝对汤若望宣讲的知识颇感兴趣，不但尊称他为"玛法"（玛法在满语里是爷爷的意思），还对汤若望言听计从，并成为虔诚的天主教徒。

为了支持基督教的传播，顺治皇帝拨款又拨地，在宣武门外建造一处天主堂，即北京南堂。不但顺治对汤若望尊崇有加，就连当时的老祖宗孝庄太后也将汤若望视为座上宾，这个外国人就这样获得了皇宫的高度信任。

顺治十年，汤若望被顺治皇帝赐予"通玄教师"封号，顺治十四年，顺治皇帝又为汤若望御撰《天主堂碑记》一文，赐予了"通玄佳境"的堂额。顺治十一年三月十八日（1654年5月4日）康熙出生。在康熙出生前后几年，"玄"字在顺治皇帝的心目中十分重要，给汤若望的赐物里两次带有"玄"字，自己的儿子名字里也带有"玄"字。"玄"这个字的意思包含汤若望所讲授的天文、历法、机械等在内的一整套学说。

顺治二十四年，皇帝病重，继承人成了关键问题。康熙作为顺治皇帝的三皇子不可能成为继承人。虽然大皇子已死，但还有二皇子福全。按照长幼排序，无论如何也轮不上他。但此时汤若望说出来一个谁也无法反驳的理由——玄烨出过天花，对这种可怕的疾病有了终身免疫力，再也不会出了，而福全还没出过，难保以后不会出。

顺治皇帝经过几番斟酌，最终听从了汤若望的意见，册封玄烨为皇太子。可以说，这是汤若望对清朝政府长远发展的一次大贡献。

十天还完八年受的气

鳌拜是满洲的巴图鲁（满语"勇士"），自然也精通于摔跤等运动，但是这一介武夫没想到最终会败在自己最擅长的摔跤中。

鳌拜可以说是康熙执政以来扎在心中的第一根刺，也是最难拔的一根。他的专横跋扈已经让康熙到了忍无可忍的地步，不得不冒着破釜沉舟的危险放手一搏，为自己争取一点生机。令康熙无须再忍的原因还有各种反对鳌拜实力的团体纷纷集结到康熙周围以寻求政治保护。就在鳌拜整天沉迷于权势旋涡中时，他根本就不会知道康熙时时刻刻都在想着如何推翻他这个辅政大臣，如何夺回原本就属于自己的权力，如何能够亲自掌握整个国家。给康熙又加了一点油的是，满洲贵族中鳌拜一代已经老去、逝去，新的一代已经形成，他们对鳌拜曾经辉煌的战绩毫无印象，只是对他的专横跋扈记忆犹新，也正是新生的这一代，成了年轻皇帝的心腹和可倚重的力量。

让康熙坚决下定决心除去鳌拜的是自己身边的一些侍卫。

这些整天跟在皇帝身边的侍卫，对鳌拜的惧怕甚至大过了对皇上权威的惧怕；也有侍卫对鳌拜崇拜的无以复加，甚至有人追捧鳌拜为"圣人"。显然，怕鳌拜和奉鳌拜的两类人明显都不是无权的康熙能够依靠的了。他只能另起炉灶，训练出一只值得信任、专为自己效忠的禁卫队。当然，这里少不了孝庄太后的推波助澜，他们共同密谋、挑选了一批忠实可靠的年少有力、善扑营，又不能为鳌拜所收买的亲卫队。这时期，索尼已经归顺于康熙，并让自己的儿子索额图亲自统领这些精挑细选出来的少年们，每天在宫中练习摔跤，伴随着抓蝈蝈、捉迷藏。康熙以玩乐的行径麻痹了鳌拜一天又一天，一直到自己有足够的实力能够对付鳌拜为止。

这群少年侍卫练习时就算是碰见了鳌拜也并不回避，越是防范敌人就越能引起敌人的疑心。玩闹中还无比认真地专心练习。鳌拜并没有想到这场游戏其实是为他而准备的，有兴致的时候，身为满族第一"巴图鲁"的他还会亲自示范，帮着康熙给自己的坟墓挖坑掘土。鳌拜只以为康熙年幼无知，天性好玩，心里不免更加得意、坦然，希望康熙再放纵一些。

自以为高枕无忧的鳌拜还美滋滋地享用着万人之上的待遇之时，康熙也逐渐地准备好了一切。

1669年6月14日，对于康熙和鳌拜来说都是一个命运就此转变的大日子。索尼的儿子索额图在擒鳌拜时起到了关键性作用。康熙与索额图等设下计谋，其实，他们设计的计谋很简单，就是趁鳌拜不警惕之时用摔跤这个游戏将他拿下。事后看来，康熙赢就赢在了鳌拜对他的轻视上。这擒拿的过程确实也十分顺利。

已经无法无天、目中无人的鳌拜接到传他入宫的圣谕，还像往常一样坦然单身入宫。只是没有想到，再从宫中出来，将要面对的情景便是天与地的差别了。康熙隐忍到现在，终于有机会能出口恶气，不成功便成仁，事到如今，再没有后路可言了。把自己和祖母的身家性命全部压在一群年纪轻轻的布库身上，是有些冒险，但是风险越大，暴风雨过后的回报就越丰厚。想到如果把鳌拜制服就能顺利继位从而施展抱负，此赌注值得一下。

鳌拜虽然武艺高强，但是毕竟舒服日子过得久了，在武功修为上难免有所疏忽，再有也确实是上了年纪的人了，加之布库们年轻气盛、有股子不怕死的劲头，人数更是占了天大的便宜，不能不说这是一个也是唯一能够转败为胜的好机会。

朝堂之上，愤怒一并涌出心头，康熙大声痛斥鳌拜，细数其过去的种种罪状。鳌拜早已看惯了软弱可欺的康熙，不曾料到还有这样凌厉的一面，心中不由一怔，心知不妙。但他毕竟在朝中专横跋扈久了，打心里就没看重这个年轻的皇上，很快又恢复了镇静，和康熙对峙起来。

令他意想不到的是，如今的康熙已经完全没有了平日中的忍耐力，把自己平时的罪状通通细数一遍：违背先帝嘱托、结党私营、肆意妄为、残害忠良、欺君罔上、罪大恶极……

鳌拜到了这时才发觉自己可能掉进了圈套，恐怕在劫难逃，心一横，攥紧拳头，向康熙扑去。事先埋伏在暗中的布库群起而攻之，鳌拜根本不能近皇帝的身。鳌拜当年冲锋陷阵，横扫千军如入无人之境，哪里会把这几个布库放在心上，岂知这些少年早已经练得武功精湛，又早有准备，一拥而上，将鳌拜掀翻在地。

心中的这根刺终于拔掉了，眼前这个巨大的良机并没有把康熙冲昏了头脑。鳌拜势力党羽众多，康熙现在羽翼未满，虽说把鳌拜活捉却也不能掉以轻心。把鳌拜收押在狱之后，康熙以迅雷不及掩耳之势逮捕了所有鳌拜的私党，将这个盘根错节的网一并歼灭。

这天翻地覆的变幻在朝野上下掀起了轩然大波，大臣们震惊于威风凛凛的鳌拜就这样栽在了一个16岁的孩子手中，又不禁为康熙的隐忍和果断行事作风感到意外。旗帜通通转向康熙，并遵照圣旨审问鳌拜，罗列了30多条罪状，将鳌拜革职立斩，没收家产，鳌拜的党羽遏必隆等人或绞或斩，大快人心。

8岁即位，康熙忍辱负重了8年，16岁抓准时机一动则动全身，雷霆万丈、气魄逼人，多年的恩怨也就仅用了10天时间就全面处理妥当。考虑到自己的根基不稳，对鳌拜的同党表现出了较高的容人之量，法外施仁，区别对待，从轻发落，颇得人心。此案的处理，表明年轻的康熙在政治上已经趋于成熟。

康熙掌握朝廷大权后，宣布永远停止圈地，平反苏克萨哈冤案，甄别官吏，奖励百官上书言事，由此开始了清朝历史上崭新的一页。

第二章

平三藩，复台湾，定边疆

想造反，要你好看

引清入关，吴三桂背叛了明王朝，也背叛了李自成。身为大清王朝的平西王，吴三桂再次举起了反旗。昔日的功臣成了今朝的逆贼，云南、广东、福建，三藩纷纷起兵反清，不为复明，只为称帝。刚刚亲政不久的康熙，该如何面对？

康熙七年（1668年），吴三桂明目张胆地反叛清廷，而作为人质的吴应熊当然不能幸免。虽然吴应熊的妻子、康熙的亲姑姑在孝庄与康熙面前哭诉求情，也没能免吴应熊一死。

吴三桂留在清政府的儿子吴应熊被康熙处死，是"三藩之乱"的转折点。双方的底牌已经亮开，再无其他顾虑。在吴三桂首先出兵之后，1676年冬，康熙迅速调动全国的军事力量向吴三桂扑来。清军声势浩大，吴三桂也不甘示弱，双方陷入了对峙阶段。

自康熙十二年十一月至康熙十五年四月，战乱不断扩大，吴三桂出兵凶猛，而康熙自然也是不甘示弱。两军在斗争中各有得失，但是，令吴三桂没有想到的是，自己的盟友会出卖自己转而投向康熙，使他在战事开始时的优势逐渐消失。

康熙的一生是由一个又一个挑战与考验所构成的。这些考验是他的祖父、叔祖父和父亲留下的，已经积累了30年的历史包袱，各个都沉重万分。"三藩"问题是跟随着鳌拜的落幕接踵而来的。康熙帝在处理这一系列的问题上表现了一位杰出政治家所应具备的素质。

康熙帝与吴三桂的争斗进行了8年之久，在大半个中国进行了一场大的是与非、成与败的博弈。一方是20岁未经战阵的康熙帝，另一方是62岁身经百战的吴三桂。但是战争过程中，两人所表现出来的勇气和智慧却与他们的年龄和阅历完全成反比。康熙所表现出的坚定、镇定、淡定是吴三桂所不能比拟的。

康熙帝与吴三桂博弈的结局早已注定。吴三桂在此时走到了生命的终点。

康熙十七年，虽然吴三桂自觉气数已尽，马上就要被清军攻破，但是，折腾了一辈子总还是想要把自己那个最初的梦想圆上一圆。于是74岁的吴三桂等不及最终完成他的王图霸业，在衡州称帝。但这一冲喜的举动却未能改变叛军的困境。吴三桂只享受了几天，就在连连失利的战势下郁郁而终了。

吴三桂死了，他所带领的军队便是群龙无首了，清军趁机发动进攻，余众纷纷出降，三藩之乱终告平定。

吴三桂的两次叛变给他带来的后果确实是大不相同的。第一次背叛崇祯，换来了大清的礼遇和善待。如果没有他后来的再次叛变，后人对他的评价也不至如此不堪。大明朝昏庸至极，被清朝所取代是历史前进的必然结果；第二次背叛康熙，却是吴三桂的一大败笔。清朝当时正处于蒸蒸日上的繁荣阶段，这时反清实属逆历史车轮而动，更何况吴三桂的现有条件也没给自己带来多少胜算，反而处处都是败笔。

吴三桂与康熙对峙之时，已经是一个70多岁的老人了，垂垂老矣，无论是精力还是计谋上都不是康熙的对手；还有，这时候人们已经普遍接受了清政府的统治，吴三桂的反叛本身就是一个逆社会发展之举，必然得不到百姓的支持。所以，他的失败是必然的。而康熙自身的实力的确是不容小觑的，康熙身上品德和智慧是吴三桂最终败北的另一个重要原因。

三藩反清之初，清政府连连失利，康熙在危局中表现出的镇定自若着实让人刮目相看。首先将吴三桂的罪状公之于众，得到民众舆论上的支持。接着又不顾姑姑的哭诉处死了自己的姑父、吴三桂的儿子吴应熊，在士气上打击了敌人，激励了清军。

吴军与清军之间的较量不分伯仲之时，康熙为了安定惊恐的军心，镇定自若，每日游山玩水，给士兵们吃了一颗定心丸，他的坚定决心和平静心态，对于稳定大局和安定人心，起了很大作用。在战略上也展示了他惊人的谋略，虽然吴三桂打出的是"反清复明"的旗帜，但是康熙没有因此而孤立汉族兵将，反而大力重用，这更加鼓舞了军队的士气。再加上康熙肯听取他人意见而不一意孤行，这更使胜利的脚步如虎添翼。

为康熙增加了胜利筹码的还有"正义"这个词，显然，吴三桂在这点上是丝毫不占优势的。

在吴三桂称帝之前，也许还有其两次叛变的理由，乱世，本来就是一个容易让人迷失的背景，似乎所有的故事都能找出原因。情势所迫、杀亲之仇都是吴三桂可以洗清罪名的筹码，但是，吴三桂所有的"无奈"在康熙称帝之后无所遁形，权利的欲望与野心也都昭然若揭，公之于世。所以，吴三桂与康熙之间的三藩之战，首先丧失了正义的筹码。

吴三桂反清，当然也得不到汉族人的支持，因为他在云南虐杀明永历帝。所谓得民心者得天下，吴三桂在民心上就先失了一招。

三藩之中，本身也不是同心一致，吴、耿、尚三人各怀鬼胎，内讧不断，彼此不能合作。和康熙打了几年，形势变得对"三藩"越来越不利，这时候其他两藩的天平就开始倾斜了，毕竟康熙主要对付的还是吴三桂，福建耿氏首先降清；紧接着，尚之信也投降朝廷。吴三桂孤军奋战又能胜算几何？

康熙二十年（1681年）十月二十八日，清军进入云南昆明。吴三桂虽然已经死去，但是也被掘坟析骸，刨棺戮尸。吴三桂的子孙也被斩尽杀绝。捷书传到北京，康熙帝作《滇平》诗纪念：

洱海昆池道路难，捷书夜半到长安。

未矜干羽三苗格,乍喜征输六诏宽。
天末远收金马隘,军中新解铁衣寒。
回思几载焦劳意,此日方同万国欢。

三藩平定,并不意味着康熙帝自此之后便可高枕无忧。在东南的海中,还有一处本应属于大清的领土孤悬海外。寸土不收,康熙帝就寝食难安。

敬酒不吃吃罚酒

郑成功英年早逝,与清王朝折冲樽俎的重任落在了他的儿子郑经肩上。与乃父不同,郑经虽然也打着反清复明的旗号,却完全没有郑成功那样的宏图壮志。面对清朝咄咄逼人的态势,郑经居然提出"以外国之礼见待,各不相犯"的条件,此时的郑氏王朝已经完全违背了郑成功的遗愿。

康熙作为一名雄才大略的君主,自然不会允许郑经如此胆大妄为。不过,清军大多出身北方,策马奔腾纵横驰骋是其所长,而登船渡海则一无所知,想要训练一支具有战斗力的水师,在短期之间几乎是不可能完成的任务。因此,康熙最初希望能够通过和谈的方式将郑经招降。

康熙二年(1663年),刚刚继位的康熙遣使赴台湾与郑经谈判。郑经知道清王朝新君即位,又是一个小娃娃,难免生出轻视之心。他趁势提出了以下的要求:将台湾视为同朝鲜一样的属国对待,台湾军民不剃发,不更改服饰。显然这是清朝官员绝对无法容忍的,最终谈判破裂。

自此之后,康熙忙于平定三藩之乱,之后又经过了一段漫长的休养生息的时间。其间,康熙实行坚壁清野的海禁政策,尽量断绝台湾和内地的联系。这一招确实起到了奇效,台湾虽然在郑氏王朝时期取得了长足的发展,但并不足以支持庞大的军事开支,逐渐难以应付。康熙趁机派兵收复了厦门、金门二岛,郑经只得下令放弃所有大陆沿海岛屿,全军退守台湾。

深谙软硬兼施之道的康熙这时又举起了招降的旗帜。派福建总兵孔无章前往台湾说降郑经,并许诺可以册封其为"八闽王",并管辖沿海诸岛。谁料早已放弃反清复明的郑经自恃海峡天险,第二次拒绝了康熙的提议。

屡次的战争失利,再加上岛内的经济颓势,这一次郑经着实感到了来自清朝的压力。确实区区一岛是无法抵挡来自大陆之力的进攻的,郑经决定奉大清为正朔,接受大清的爵位,但他仍然拒绝剃发和更改服饰。消息传到京城,康熙深为震怒,在他看来,只有剃发易服,才标志着台湾真正臣属于清朝,否则它就真的和朝鲜、安南等属国毫无二致,这是一心一统中华的康熙绝对不能接受的。于是,第三次和谈再次破裂,至此康熙已经下定决心,要武力收复台湾了。

连番几次的和谈失败让康熙意识到,光有文事不足以让郑经屈服,还需要拥有强有力的武备。因此康熙开始大规模兴建水师,建造规模和强度都足以进行渡海作战的大型战船。而当时清廷,这方面的人才却极其稀少。幸亏施琅的存在,清廷才有可能建设一支强大的水师。

施琅曾经是郑成功的得力助手,但由于性格上的冲突,二人嫌隙渐生。施琅由于屡次得罪郑成功,不得已从厦门逃到南安,希望求助郑成功的二叔郑芝豹为二人化解纠纷。郑成功却以为施琅是负罪逃窜,因此便派人追杀。谁知杀手未能成功刺杀施琅,又担心回去无法向郑成功交差,便谎报军情,说施琅已和清军勾结,因此无法下手。郑成功听闻此言大怒,竟然没有详加调查,就武断地认为施琅已然谋反,便下令将施琅的父亲和兄弟杀害。施琅得此噩耗,也对郑成功切齿痛恨,遂投降了清朝。

施琅降清之后,被任命为福建水师提督,又被封为靖海将军。施琅一心想早日攻克台湾,为父兄报仇。从康熙初年起,他就不断上奏,请求武力解决台湾问题,但当时朝廷正集中力量解决"三藩之乱",并没有余力顾及台湾。直到康熙二十年(1681年),"三藩之乱"最终平定，而郑经也恰巧于这一年去世，其子为争夺王位展开了血腥的斗争，台湾政局动荡不已，虽然最终由郑克塽继任，但已是元气大伤。施琅此时虽然已经从水师提督任上被撤职，但却再次上疏，强烈要求"当乘其（指台湾郑氏政权）民心未固、军情尚虚"时，"进攻澎湖，直捣台湾"。

施琅的奏折，和朝中一些官员的大力推荐密不可分。先是福建总督姚启圣向康熙力荐"才略优长，谙练军事"的施琅，后来康熙的宠臣、大学士李光地在康熙向其征求对福建水师提督人选的建议时，又两次推荐施琅。他认为施琅"海上路熟，海上事他亦知得详细，海贼甚畏之"，而且"海上世仇，其心可保。又熟悉海上情形，其人还有谋略，为海上所畏"。有这两位重臣的推举，康熙又亲自接见了施琅，听取了他对平台方略的看法和意见。施琅侃侃而谈，康熙深为满意，当即同意了施琅的计划，并重新授予施琅福建水师提督之职，加太子少保。赴福建操练水师，伺机进攻。

经过两年的训练，大清水师已初具规模。康熙二十二年六月十四日（1683年7月8日），施琅亲率500余艘大小战船，共2万余名水兵，乘北风劲吹之际，从东山岛出发，进逼台湾门户澎湖列岛。郑氏王朝惊闻这一消息，连忙派出舰队迎敌，却不是训练有素的施琅的对手。澎湖一役，施琅大获全胜，夺取澎湖列岛。此时台湾岛已是门户大开，彻底暴露在清军的战力之下。

施琅深谙康熙"以战逼和"的策略，因此他攻下澎湖后并不急于进攻，而是一方面安抚澎湖百姓，另一方面又向郑氏王朝递出了和谈的橄榄枝。郑克塽年纪尚小，国事由大将刘国轩掌握，自知大势已去的刘国轩见施琅如此，自然也乐得答应。于是郑克塽遣使送降表至施琅军前，郑氏王朝宣告灭亡。台湾也被并在大清的版图之中。

东南海靖，康熙帝长舒一口气。然而伴随一个王朝新生而来的，总会让一国之君为之无暇寝食。当东南之事已了，康熙不得不再把目光投向东北那片大清龙兴之地。

纯属正当防卫

1632年，沙俄扩张至西伯利亚东部的勒拿河流域后，建立亚库次克城，作为南下侵略中国的主要基地。从这以后，辽东地区就承受其连续不断的骚扰和掠夺，由于沙俄人口稀少，所以还大量掠夺中国人口，制造民族纠纷，从中获得更多的渔利。

17世纪的俄国是一个封建农奴制国家。为谋求商业资本的积累，掠夺了更多的生产原料，便开始了积极向东侵略扩张的行动。

沙俄的发展史与蒙古各部有着十分亲密的联系。在13世纪的时候，蒙古部族征服了沙俄各国，并且建立了钦察汗国，而莫斯科大公却在这个时期坐收了渔翁之利，通过贿赂蒙古部族统治者接手了沙俄的政权，并将全沙俄东正教牧首迁到莫斯科，这就形成了沙俄的最初原型。莫斯科公国的文化、地位与实力在之后发展中逐渐超过了周围各个古沙俄国家，并且毫不手软地击败了最初被他们贿赂过的蒙古部族军队，获得了真正的自治权，自此，沙俄民族的第一个中央集权国家才算正式建立。莫斯科也成了罗斯各公国中文化最先进、人口最多、军事实力最强大的国家。此后，莫斯科便走上了征服、同化周围民族的道路。此后的400年间，莫斯科公国先后消灭了周围的一些国家，而且把这些国家的人民都融合沙俄族中。

在沙俄的历史上有一个和康熙大帝同样举足轻重的人物，那就是彼得大帝，也正是在彼得大帝时期，初具了今天沙俄的欧洲版图雏形，庞大的沙俄帝国建立起来了。

康熙王朝时期，沙俄对外扩张的速度和程度已经越加猖狂，收买噶尔丹部落不说，还一路侵犯到中国的黑龙江地带，并占据了一些关键地区，在当地建立防御城堡，例如尼布楚、捷连宾斯克、色楞格斯克、乌丁斯克等，这些城堡对此后俄国的军事、外交、经济活动，以及与中国的通商交往起到了纽带桥梁作用。

沙俄之所以盯着中国辽东地区不放，除扩充领土的目的之外，还觊觎当地丰富的资源。由于辽东地区地处偏远，离中央集权所在地比较远，当地清政府的兵力也不是十分强大，所以沙俄掠夺起来就更加方便。

然而，辽东之地虽然偏远，却是大清王朝不可或缺的领土。努尔哈赤为之付尽毕生心血的大清龙兴之地，又岂可让他人的铁蹄肆虐？

黑龙江、乌苏里江流域自古以来就是中国的领土。秦汉以后各朝均在此设官统辖。清朝建立之后，继续对这一地区行使管辖权，加强统治。分别在今辽宁的沈阳，黑龙江的宁安、爱辉等地区设立将军，还把当地居民编为八旗。还在沿江的重要地区建立了船厂，设置仓屯，陆上开辟台站驿道，以发展水陆交通运输，进一步加强中央与地方的政治、经济和文化联系。

早在明崇祯十六年（1643年），沙俄派兵132人沿勒拿河下行南侵，"不畏严寒"越过了外兴安岭，侵入中国领土并且开始了四处掠夺，并灭绝人性地杀食达斡尔族人，被黑龙江地区人民称为"吃人恶魔"。

冬天过去，江水解冻后，沙俄匪徒又越过黑龙江闯入中国东北部。这一次，沙俄匪徒遭到当地各族人民的激烈抗击。

对于沙俄军的侵略行径，康熙帝多次遣使进行交涉、警告。但是这对于掠夺成性的沙俄来说并不能起到什么作用。这使康熙帝认识到，只有使用武力才能驱逐沙俄侵略军。于是，康熙不得不在辽东地区，特别是黑龙江流域，对沙俄侵略做出种种抵抗措施。

其一，在瑷珲（今称爱辉）筑城永戍，号召民众一同进行屯垦。加强那里的经济实力，可以有能力抵抗侵略者。同时加紧造船，疏通和其他地区联系的道路，以便在战争开始后，能够保证军粮由松花江、黑龙江及时运抵前线。

二是加强侦察和封锁，不能让侵略者想来就来想走就走。康熙派百余名清军，侦察雅克萨的地形、敌情；又派当地达斡尔族头人随时监视敌情变化；令车臣汗断绝与沙俄军贸易，以封锁侵略者。

充分准备之后，康熙二十二年九月，清军派人勒令雅克萨等地的沙俄侵略军迅速撤离，但是没有得到俄军头目的理睬，反而又派人窜至瑷珲抢掠。得到康熙指令驻留辽东的萨布素将俄军狠狠地击败，并将黑龙江下游沙俄侵略军建立的据点全部焚毁，使雅克萨成为一座孤城。

令人欣慰的是，经过中国军民的多次打击，侵入黑龙江流域的俄国侵略军一度被肃清，安稳了数年。不过，后来沙俄侵略势力又到雅克萨筑城盘踞，清政府对其进行多次警告，但都无济于事。

沙俄的不死之心也使康熙终于清楚地认识到，若非"创以兵威，则罔知惩畏"，于是决意征剿。但是清军在黑龙江一带没有驻兵，从宁古塔出兵反击，每次都因粮储不足而停止，而沙俄侵略军虽为数不多，但由于有充足的军备物资，再加上尼布楚人与之贸易，如果战争一旦打响，势必也会严重影响到中国民众的正常生活，造成边民不安的局面。

针对这种情况，康熙采取恩威并用、剿抚兼施的方略，一边发兵对沙俄的侵略进行遏制，一边在黑龙江地区屯兵永戍，建立城寨，与之建立长期的对垒。

在康熙做准备的时候，劝阻警告活动一直没有间断，康熙也暗下决心，如果侵略军仍执迷不悟，则将其一举消灭，以除后患。

因为黑龙江至外兴安岭地区距东北腹地遥隔数千里，同沙俄这样的入侵者斗争，单靠当地人民的部落武装是无法制止其侵略的，为了保障反击作战的胜利，并在反击胜利后建立一条较完整的边界防守线，就要做足准备以便适应长期的边防斗争。

康熙二十四年（1685年）正月二十三日，为了彻底消除沙俄侵略，康熙命都统彭春赴瑷珲，负责收复雅克萨。清军约3000人在彭春统率下，怀揣着赶走敌人的强烈欲望从瑷珲出发，分水陆两路向雅克萨开进，当即向侵略军头目托尔布津发声通牒。当时侵略者拥兵450人，有炮3门、鸟枪300支，面对清政府的强大武装采取拒不从命政策。战斗之势一发而不可收，清军主动出击，分水陆两路列营攻击。侵略军伤亡甚重，不能支撑，无奈之下向清军投降，还派遣使节与清军将领商量要求在保留武装的条件下撤离雅克萨。经彭春同意后，俄军撤至尼布楚。清军赶走侵略军后，平毁雅克萨城，即行回师，留下部分兵力驻守瑷珲，另外派人在瑷珲、墨尔根等地屯田，加强黑龙江一带防务，以防敌人卷土重来。

令康熙没有想到的是，沙俄侵略军在被迫撤离雅克萨之后，贼心不死，继续拼凑兵力，图谋再犯。康熙二十四年（1685年）秋，莫斯科派兵600人增援尼布楚。当获知清军撤走时，侵略军头目托尔布津率大批沙俄侵略军再次窜到雅克萨。俄军这一背信弃义的行为引起清政府的极大愤慨。次年初，康熙接到奏报，即下令反击。

清军2000多人进抵雅克萨城下，将城围困起来，勒令沙俄侵略军投降，托尔布津不理。但是，这次他为自己的"不理"而付出了惨痛的代价——托尔布津中弹身亡，但是沙俄军队依然负隅顽抗。

冬季将至之时，清军考虑到沙俄侵略者死守雅克萨，没有物资来源必定需要等待援兵，于是进行了更加严密的围困，企图彻底切断守敌外援。侵略军被围困近年，战死病死很多，826名侵略军，最后只剩66人。这次，沙皇一看情势不妙，急忙向清请求撤围，遣使议定边界。清政府再次答应他们的请求，准许侵略军残部撤往尼布楚。至此，雅克萨反击战结束。

康熙二十八年，中俄双方于尼布楚正式谈判。当时沙俄国内出现权力斗争，清朝的情况也不容乐观，当时西北地区准噶尔部噶尔丹谋反，割据叛乱势力十分猖獗，并且有意勾结沙俄，为了笼络大局，康熙不得不在与沙俄的谈判上做出重大让步。两国最后达成和议，签订中俄《尼布楚条约》，俄军撤出雅克萨，毁掉雅克萨城，划定中俄边界。

《尼布楚条约》在中国的历史上占有着重要的意义，是大清帝国和沙俄帝国之间签订的第一份边界条约，也是中国和西方国家签订的第一份正式条约。

清政府此举遏制了几十年来沙俄的侵略势头，使中国东北边境在长达一个半世纪的时间里基本得到安定。

第三章

雍正：承上启下的过渡者

父皇驾崩永远有说头

康熙六十一年十一月十三日晚，69岁的康熙皇帝在畅春园龙驭宾天。

十一月戊子，上不豫，还驻畅春园。甲午，上大渐，日加戌，上崩，年六十九，即夕移入大内发丧。

——《清圣祖实录》

然而，这几句看似平淡的话背后，却隐藏着一桩波谲云诡的历史疑案。自康熙四十七年起，皇太子初次被废，继而九子夺嫡，宫廷之中暗流涌动。最终，号称"天下第一闲人"的四阿哥雍亲王胤禛脱颖而出，几乎是出乎所有人的意料登上大宝。自此之后，关于雍正帝皇位来路不正的说法层出不穷，而围绕着这一中心论点，又生发出无数雍正为达成目的不择手段的议论。甚至连康熙之死也因此未能盖棺论定，反而引出了关于雍正是否弑父夺位的争论。

这种争论的产生要从康熙的病情说起。

康熙大帝一生奔波劳碌，从8岁懵懵懂懂被推上皇位开始，诛鳌拜，平三藩，收台湾于南海，退沙俄于东北，一生文韬武略。到了五十而知天命的年纪，康熙帝本以为四海粗平、霸业初定，于是六下江南，享享清福。谁料祸起于萧墙之内，不争气的太子胤礽废而复立，立而复废，从此储位虚悬，引发九子夺嫡，宫廷之内刀光剑影，血雨腥风。

儒家有修齐治平之说，可叹康熙大帝，空有治国平天下的雄才大略，却短于齐家，不得已与诸皇子斗智斗勇，难免心情郁闷，元气大伤，疾病缠身。

　　这一点在《清圣祖实录》有明确的记载。康熙四十七年冬天之后，他的健康状况每况愈下。具体症状有心悸、眩晕、腿脚水肿，"手颤头摇"，另外似乎还有中风偏瘫的迹象：右手也不听使唤了。

　　康熙变成这个样子，完全可以理解，他深深地担心自己那些为了皇位争得头破血流、杀红了眼睛的儿子们，更担心他们会把方兴未艾的大清王朝搞得一塌糊涂。他曾经不无悲哀地说："日后朕躬考终，必至将朕置乾清宫内，尔等束甲相争耳！"

　　此后的十几年中，康熙一直忍受着各种慢性疾病的折磨，拖着病体夙兴夜寐地处理政务军务。到康熙六十一年冬，康熙帝在南苑行猎时，出现了大风降温天气。俗话说得好，来时风火去时病。年届古稀的康熙帝受寒病倒，出现了疑似肺炎的症状。病情来势凶猛，康熙帝迅即返回畅春园静养，经过两天的调理，病情似乎有所好转。然而就在一天之后，即康熙六十一年十一月十三日，康熙帝猝然离世。

　　那么，在康熙皇帝生命最后几天这个紧要的关头，未来的雍正皇帝，当时的雍亲王四阿哥胤禛在做什么？

　　根据史料记载，在这期间，康熙皇帝命他做了一件似乎意义极为重大的事情：赴天坛代行祀天大典。

　　古人云："国之大事，惟祀与戎。"从代行祀天大典一事中，似乎可可一窥康熙皇帝对这个四儿子是颇为信任的；然而，当时仍然有另一位负责"戎"的大将军王十四阿哥胤禵在西宁出兵走马与罗卜藏丹增斗得不亦乐乎。因此似乎也不能简单断定康熙皇帝圣心已然默定。

　　值得注意的是，康熙皇帝在驾崩的当天，在病榻上曾经三次召见雍亲王入宫问安。据《清圣祖仁皇帝实录》记载："皇四子胤禛闻召驰至。巳刻，趋进寝宫。上告以病势日臻之故。是日，皇四子胤禛三次进见问安。"

从这段记载看来，这一天康熙帝的病情似乎趋于稳定，健康状况一度好转，而雍亲王也颇为尽孝，看上去似乎其乐融融，父慈子孝，一副风平浪静的模样。

但是傍晚时分，大变陡生。皇宫内苑传来凄厉的呼号之声，人们来来往往都神色惊惶，似有不安之状。士兵们严加戒备，举止慌乱，如临大敌。

当时在中国传教，任职于清廷的意大利传教士马国贤在其回忆录中留下了如下的文字：

1722年12月20日，在我们居住的国舅别墅中吃过晚餐，我正与安吉洛神甫聊天。突然，仿佛是从畅春园内，传来阵阵嘈杂声音，低沉混乱，不同寻常。基于对国情民风的了解，我立即锁上房门，告诉同伴：出现这种情况，或是皇帝死了，否则便是京城发生了叛乱。为了摸清叛乱的原因，我登上住所墙头，惊讶地看到，无数骑兵在往四面八方狂奔，相互之间并不说话。观察一段时间后，我终于听到步行的人们说，康熙皇帝死了。我随后被告知，当御医们宣布无法救治时，他指定第四子雍正作为继承人。雍正立即实施统治，人们无不服从。这位新帝首先关心的事情之一，是给他死去的父亲穿衣。当夜，他骑马而行，兄弟、孩子及戚属们跟随着，在无数佩戴出鞘利剑的士兵护卫下，将其父亲的尸体运回紫禁城。

这并不是正常的情况，然而，无论是当时还是以后的官方文件中都没有提到此种异状。

其实从现代医学的角度来看，康熙皇帝的直接死因，应该是长期的心脑血管疾病在肺炎的刺激下突然发作。对于一个风烛残年的老人来说，此类并发症无疑是致命的。但是，受到当时的医疗水平所限，康熙皇帝的猝死，显得极其神秘，难免会议论纷纷，再加上畅春园周边不寻常的景象，雍正用不正当手段弑父夺权的传闻自然不胫而走。

在雍正七年的曾静谋反案中，曾静曾经招供说，他听说"圣祖皇帝畅春园病重，皇上进一碗人参汤，圣祖就驾崩了"。

当时，民间对这一事件众说纷纭，曾静的说法仅是其中的一种而已，另外有一种流行的说法则是这样的：

胤禛……遂以一人入畅春园侍疾，而尽屏诸昆季，不许入内。时玄烨已昏迷矣。有顷，忽清醒，见胤禛一人在侧，询之。知被卖，乃大怒，投枕击之，不中，胤禛即跪而谢罪。未几，遂宣言玄烨死矣。胤禛袭位，改元雍正。以后凡宫中文牍，遇数目字，饬必大写，亦其掌矩之一端也。

这种说法见于晚清时革命党人的著作中，彼时反清兴汉之思潮甚浓，因此这故事只能是聊备一格，不能过于当真。而有趣的是，在这个故事的有些版本中，康熙砸向雍亲王的并不是枕头，而是手上的玉佛珠；而雍亲王则将计就计，将玉佛珠说成康熙传位于自己的证明。

总之，雍正弑父的说法越传越烈。尽管雍正对这一指控矢口否认，但他即位以后的种种行为让人疑窦丛生，简直是在用实际行动向世人证明他弑父的合理性。

雍正在即位后曾经多次在不同场合提到先帝爷对自己的慈爱之情和培育之恩，甚至不无自豪地声称自己是康熙最看好的儿子，在他的描述中，他和康熙之间父慈子孝，关系至为亲密。然而，在实际行动中他似乎处心积虑地要处处避开康熙曾经工作生活过的地方。无论是远离康熙所住的畅春园而另起圆明园，还是驾崩后葬于清西陵，都是如此。笃信佛教的雍正是一个相信怪力乱神的人，因此，他的这些举动似乎可以有一种解释，就是他自感对不起康熙皇帝。

另外，雍正在即位之后对亲信和亲戚的处理，难免让人有兔死狗烹之感。年羹尧和隆科多都是其股肱之臣，在野史和民间传说中，亦是帮助雍正在皇位争夺中胜出的重要人物，然而均被雍正罢职削官，甚至处死；而雍正的骨肉凉薄也是出了名的。康熙驾崩后留下的十几个成年皇子在雍正治下动辄得罪，特别是曾经参与皇位争夺的几位阿哥更是不得好死，这甚至涉及了雍正的亲弟弟和子息。更有甚者，民间甚至流传着雍正其母被其所逼撞柱而死的传闻。

总之，康熙就这么驾崩了，雍正在重重迷雾中走来，登上了大清帝国的皇位。

皇帝加班，谁敢偷懒

康熙三次南巡，乾隆六次南巡，留下许多轶事。和乃父乃子不同，雍正不仅从未南巡过，而且在他在位的13年中，北京城都几乎没有出过一步。

有一组数据可以说明雍正的工作量有多大：现存的雍正朝奏折共有41600余件，其中汉文奏折35000余件，满文6600余件。以他在位12年又8个月计算，平均每天批阅奏折约10件。除了奏折以外，还有六部及各省的大量题本，据估算，雍正朝共处置此类题本192000余件，每天平均处置40件以上。雍正对于这些奏折和题本并非看毕就算，而是要亲笔书写朱批，提出自己的意见和看法。有的朱批竟有数千字之多。除此之外，雍正还要处理各种军国政务。官吏任免、人民生活、农业工商等，雍正都要亲自过问。

雍正自称"以勤治天下"，这绝非自夸之言。他于45岁的年龄登上皇位，正是年富力强之时，既有精力和魄力，又有资历和经验，而且雍正为人坚毅谨慎，做事果断利落，可以说具有优秀政治家的一切素质。

雍正的勤奋，可以用"朝乾夕惕，宵衣旰食，夙兴夜寐，夜以继日"来形容。这样的工作态度不要说皇帝，就是普通人也很难做到。而且，皇帝的事情是没有人督促的，做与不做全凭自觉，雍正不是一天这样做，他这样做了13年，坚持不懈，这就是他的可贵之处。

康熙末年，太平盛世，又兼之康熙以宽仁治国，导致吏治松弛，文恬武嬉，贪污腐败之风甚嚣尘上；国库常年亏损，边境战事频频，积累了大量社会矛盾。在"盛世"的一潭死水之下，隐藏着的是隐隐流动，对清朝统治构成威胁的潜流。雍正登上皇位时，面对的就是这样的一种局面，应该说，压在他肩上的担子是十分沉重的。

在这种情况下,雍正帝打起"改革"的大旗,以整顿吏治为切入点,清理国库亏空。雍正刚刚即位时,由于康熙晚年管理不利,官员贪污腐败,国库亏空多达 800 万两白银。雍正元年(1723 年)正月,雍正以迅雷不及掩耳之势,电光石火般连续颁布 11 道谕旨,严厉警告各级文物官员:"不许暗通贿赂,私受请托;不许库钱亏空,私纳苞苴;不许虚名冒饷,侵渔贪婪;不许纳贿财货,戕人之罪;不许克扣运费,馈遗纳贿;不许多方勒索,病官病民;不许恣意枉法,恃才多事。"

这些谕旨,层层下发,中央查地方、后任查前任,就连老百姓也被牵涉进来,雍正告诉他们,谁也不许借钱给地方官员抵挡亏空,如此强大的力量和周全的措施,古未有之。为了切实推行政策,雍正又设立会考府,负责国库的审计并对其收支情况进行整顿。

在雍正的严厉打击之下,不少官吏因亏欠国库银两被革职抄家,甚至连这些方面大员、皇亲国戚也绝不例外。如此大规模、强力度的清欠工程收到了很好的效果。

《清史稿·食货志》曾记载:"雍正初,整理财政,收入颇增。"乾隆时史学家章学诚也指出:"我宪皇帝(雍正)澄清吏治,裁革陋规,整饬官方,惩治贪墨,实为千载一时。彼时居官,大法小廉,殆成风俗,贪冒之徒,莫不望风革面。"

到雍正末年,国库亏欠不仅完全弥补,还有数千万两余银。此外,雍正还创立"耗羡归公"的政策以预防官员腐败。"耗羡"是征税时附加的货币损耗费,这也是官员贪污的一个重要来源。雍正规定耗羡归公就是把征收的这一部分附加税归国库所有,作为"养廉银",用来奖励清廉的、有政绩的官员,是吏治的一大进步。

雍正的性格和登上皇位的经历决定了他的执政风格:不会轻易相信任何人,要把权力紧紧抓在自己手里。在这一思路的指导下,在雍正时期,皇权得到了空前的加强。

例如除了六部之外,提升了其他中央政府机构的地位。如理藩院负责少数民族、藩部事务和对外交涉等;翰林院则掌管撰拟祝祭册诰文、编修书籍、经筵日讲及部分科举考试事务等。另有管理宫廷事务的内务府和掌管皇族事务的宗人府。内务府的官员主要由宦官（太监）担任。

鉴于明朝宦官专权的教训，清朝的宦官数量减少了很多，管理制度也非常严格，规定太监最高不能过四品，不能结交外臣，不得干预朝政。所有这些机构及其中下级机构的官吏任免均由皇帝一人认定，而且大小官员任命后都要觐见皇帝才可上任，体现了清代政权的高度集中。

在地方上则设有直隶、省、东北、边疆少数民族、八旗等行政机构。省以下为府、县。省级最高长官为总督、巡抚，总督辖多省，一般不超过三个，巡抚只辖一省。总督巡抚互不统属，前者管军事、后者管民事。省级行政机构还设布政司、按察史，主管民政、财政和刑事等。

此外，传统社会，土地和人丁分开纳税，土地称税，人丁称赋。赋对于多讲究多子多福的农民来说，是一笔颇为沉重的负担。因此历朝历代百姓为了逃赋，时常瞒报人口。康熙五十年（1711年），针对人口增多的情况，谕旨宣布"盛世滋生人丁，永不加赋"。雍正即位后，彻底取消了人头税，改为摊丁入亩，即将人丁税摊入地亩，地多者多纳，地少者少纳，无地者不纳。从而在法律层面上彻底取消了赋的征收，使大量没有土地的贫农获得了实际利益，减轻了他们的负担。不过，这一政策却也刺激了人口的急速增长。乾隆年间，清朝人口已达3亿人，道光年间又突破4亿人大关。大量人口加重了社会负担，为盛世的衰落埋下了伏笔。

雍正为百姓做的另一件大事是废除了贱籍。这种籍属制度是从宋朝流传下来的，分军籍、民籍和贱籍，民籍是士农工商。贱籍则是在士农工商"四民"之外的户口，不得从事其他行业，更不能读书科举，并且世代相传不得变更。"贱民"社会地位极低，"丑秽不堪，辱贱已极"，为时人所轻视。

雍正下令取消贱籍，把原来的贱民编入民籍，赋予他们和普通百姓一样的身份、权利和社会地位。取消贱籍，毋庸置疑，无论从观念还是从社会现实来说，这都是一大进步。

总的来说，雍正处在承上启下的关键阶段，康熙晚期已经出现了一些问题，如果任由这些问题继续恶化，清朝的末日也许会来得更早。不过，作为一代帝王，雍正为国家、为百姓做了很多实在的事情。他的努力也为后来乾隆的统治打好了基础，使乾隆可以坐享半个多世纪的太平盛世。

雍正十三年八月二十日，胤禛偶感违和，仍照常听政，并召见臣工。二十一日，病情加重，照常理政。大学士张廷玉每日进见，未尝间断。皇四子宝亲王弘历、皇五子和亲王弘昼等，御榻之侧，朝夕奉侍。二十二日，病情恶化，太医抢救。二十三日子时，进药无效，龙驭上宾。

从即位到暴毙，他在位只有短短的13年，却制造了一系列的疑案。对后人而言，雍正王朝就像遗落在岁月里的一个神秘孤岛，被层层迷雾所包围。雍正的暴毙是他留给后人们的最后一桩疑案。

第四章

康乾盛世不安稳

侄子反叔叔

雍正二年（1724年），废太子胤礽在咸安宫中病逝，享年51岁。之前，他已经在此被禁锢了12年。胤礽获罪的原因为世人所熟知：他曾经是康熙皇帝的孝诚仁皇后赫舍里氏的遗腹子，一度是康熙皇帝视若掌上明珠的爱子，但他因为"狂疾未除，大失人心"最终被康熙幽禁，倒在了康熙末年波谲云诡的宫廷斗争中。也许是过早的跌倒让他看清了政治的险恶和人心的淡薄，被幽禁以后的他不问世事，日夕以抄写经书为业。在他病危之时，雍正曾亲往看望，胤礽还当着雍正的面，教导他的儿子弘晳要忠君爱国，勿作他想。

可是，弘晳却没有听从其父亲的教导，深陷于对权力的争夺中不能自拔，最终落得和父亲相同的下场。

弘晳是胤礽的长子，出生于康熙三十三年（1694年）九月，尽管他的生母李佳氏只是胤礽的侧福晋，但由于正福晋瓜尔佳氏无嗣，因此弘晳其实是算得上是胤礽的继承人。弘晳出生时，胤礽还是东宫太子，弘晳从小就以皇太孙自居。可是，胤礽的两次被废，让弘晳几乎失去了有朝一日君临天下的梦想。

康熙五十一年（1712年），胤礽被康熙幽禁在咸安宫中。此时的弘晳已经18岁了，刚刚生下了长子永琛。父亲的失势似乎并没有影响到康熙帝对他的宠爱。由于弘晳习文善武，为人和善，自然受到了满汉文武百官的交口称赞，民间也有"皇长孙颇贤"的说法，甚至一度有因为康熙喜爱弘晳，将会第三次复立胤礽为太子的说法。

康熙对弘晳的喜爱和保护，可以从下面一件事情中看出端倪：康熙五十五年（1716年），弘晳通过太监向宫中的一名叫华色的工匠转达了一个要求：制造一条宫廷式样的珐琅火链。虽然按照康熙幽禁胤礽时的规定，弘晳已经不能使用此物，但这名工匠还是知法犯法，为其制作了一条。结果事机不密，被康熙帝发现，亲自处理此事。按理说，弘晳作为主犯，应当从重处罚，但康熙判处华色带枷杖笞后流放，养心殿管理工匠的太监也受到连带处罚，独独对弘晳只字未提。由此可以看出，对于父亲被囚，本就处于逆境中的弘晳，康熙并不希望因为这一错误，而将他置于更加不利的境地上。此外，朝鲜《李朝实录》对康熙和弘晳的关系也有这样一条记载：

康熙皇帝在畅春园病剧，知其不能起，召阁老马齐言曰："第四子雍亲王胤禛最贤，我死后立为嗣皇。胤禛第二子有英雄气象，必封为太子。"又曰："废太子皇长子性行不孝，依前拘囚，丰其衣食，以终其身。废太子第二子朕所钟爱,其特封为亲王。"言讫而逝。

虽然这一说法的可靠性值得怀疑,很有可能仅仅是朝鲜使臣在中国的道听途说。然而,所谓空穴来风,未必无因。能够听到这样的传言,恰恰也证明了康熙对于弘晳的偏爱。

众所周知,在九子夺嫡中最后胜出的是皇四子胤禛。他的竞争者们在吞下失败的苦果之余,对雍正产生了更大的敌意。雍正自然也深知这一点,为了消灭在朝中盘根错节、直接与他针锋相对的"八爷党",他必须对其他大多数阿哥采取怀柔政策,而没有与雍正有过直接利害冲突的胤礽自然也位列其中。雍正不仅亲自过问胤礽在咸安宫中的饮食起居,还一再对弘晳表示了好感。

雍正甫一即位,就册封弘晳为理郡王,又将昌平郑家庄的平西王府拨与弘晳居住——这座王府本来是康熙年间修建,计划由废太子胤礽居住,后来由于康熙驾崩而未果。胤礽死后被追封为理密亲王,雍正六年(1728年),弘晳又继承这一爵位,升为理亲王。

可是雍正大概没有想到,弘晳对雍正的关心并不感到温暖和开心,反而越发地感到愤恨。也许康熙生前的宠爱让他做起了有朝一日还能登上大宝的美梦,而关于雍正即位时的种种流言蜚语也让他深信这位四叔的皇位得来不正。

不过,弘晳的抱怨和不满也只能是暗中发泄,因为他深知:公开反抗雍正,定会落得个生不如死的下场。因此,他只能隐忍,不发一语。

雍正的暴死和乾隆的登基让一切改变了。对于小时候曾经在康熙身边读过书的乾隆而言,父亲雍正的严肃谨慎、勤于政务固然可敬,但祖父康熙的宽仁治国更是他所向往的。乾隆认为,作为统治阶层的满族相对于汉族来讲人口较少,因此要巩固统治,稳定局面,必须使整个满族团结安定。因此乾隆上台伊始,就将雍正曾经打击压制过的皇亲国戚重新翻案,撤销对他们的处罚,并且重新给予优厚的待遇。乾隆称这一举措为"亲亲睦族"。这也确实为乾隆赢得了大量官吏的支持。

这时候又出了一件和皇位国本有关的大事:原来,乾隆的次子永琏是孝贤纯皇后富察氏所出,深受雍正和乾隆的疼爱,据说,雍正亲自为这孩子起名叫永琏,暗含着将来入主大宝的意思。乾隆也认为这孩子"聪明贵重,器宇不凡",又是嫡长子,因此早在乾隆元年(1736年),根据雍正确立的秘密建储制度,就将写有永琏名字的密旨放在正大光明匾的后面。可是天不遂人愿,乾隆三年,年仅9岁的永琏夭折了。因此乾隆只得将密旨取出。并与庄亲王允禄、和亲王弘昼,以及几个军机大臣知会了此事,这也意味着储君虚悬,国本未定。

在这样的局面下,弘晳的野心像春天滋生的野草一样迅速生根发芽了。乾隆的宽松政策让他获得了一定程度上的自由和权利,而当他得知东宫之位尚空时,更是不安于室,纠集一干人等蠢蠢欲动。

和弘晳过从甚密的,主要有允禄、弘升、弘昌、弘晈、弘普等人。允禄是康熙的第十六子,却比弘晳还小一岁。由于他年纪较小,并未参与到九子夺嫡之中,因此雍正年间才幸得保全,被册封为庄亲王。但是这位允禄性格内向,喜爱数学和音乐,在政治上却比较迟钝。此外,弘升是康熙五子恒亲王允祺的长子,弘昌和弘晈分别是怡亲王允祥的长子和四子,弘普则是允禄的长子。按理说,允祺和允禄在康熙末年都没有染指皇位的野心,而允祥更是雍正坚定的拥护者,弘晳居然能够博取这些人的同情和好感,进而与之"结党营弘,往来诡秘",除了说明弘晳在笼络人心上有一手之外,也说明雍正对宗室贵族的政策的确不得人心。

不过,弘晳的一举一动都没有逃脱乾隆的耳目。乾隆四年,乾隆率先发难,他先是借口有人告发弘升"诸处夤缘,肆行无耻",将其革职锁拿,交由宗人府审判,随即顺藤摸瓜便揪出了弘晳一干人等。其实,乾隆这时候的目标主要是允禄,弘晳的罪状并不大。在乾隆看来,弘晳虽然不忘自己曾经是废太子的嫡子,心存不臣之心,但并没有什么实质性的谋反行为,顶多是行为不检而已,因此仅将其革去王爵,软禁在郑家庄。

可是，随着审讯的深入，有一名叫作安泰的巫师交代：弘晳曾经请他做法占卜，预测乾隆能活多少岁、天下是否太平，以及自己是否还能当皇帝等问题。乾隆闻听此言勃然大怒：弘晳对这些问题的关心，显见得他有勃勃野心，甚至妄图取自己而代之。于是将注意力转向对弘晳的调查，结果发现弘晳在自己的平西王府中，仿照内务府的建制，设立了类似于内务府七司的机构。乾隆认为这正是弘晳僭越无礼，另立小朝廷的铁证。情势至此急转直下，最终认定了弘晳的"首恶"地位。乾隆指出，弘晳的罪恶甚至远大于允祹、允䘵等人，因此要从重处理。

弘晳和他的父亲以及几个叔叔一样，最终被削除了宗籍，并改名为四十六——这是由于他当时46岁，又被高墙圈禁在景山之内。3年之后，皇帝美梦成空的弘晳郁郁而终，享年49岁。直到乾隆四十三年（1778年），弘晳才与允祹、允䘵一道恢复原名，重新收入宗籍。

弘晳的获罪，标志着自康熙末年以来对皇位的觊觎终于告一段落。

最后的安稳民生

在传统社会当中，农业始终是经济的重中之重。乾隆坚持了从康熙以来的以农业为立国之本的政策，推行了多项有利于恢复和发展农业生产的措施。首先，乾隆大力鼓励对抛荒耕地的开垦，对新开田地按最低税率征税，如果土地贫瘠，还可以免税。其次，为了保护开荒者的利益，又发布了一系列法令，要求地方官如实上报田地亩数，禁止虚报。此外严禁夺田换佃；对于不适合发展农业作物的地区，还鼓励农民种植经济作物，促进副业的生产。

不仅如此，乾隆还在前代垦荒政策的基础上，进一步加强了对边疆地区的开发。经过康熙、雍正两代的大力垦荒，到乾隆时期，大片荒地已较为稀少，只剩了一些未开垦的零星小块。在垦荒这件事上，乾隆制定了比以往更宽松的政策，并加大了鼓励力度。他规定："凡边省、内地零星土地可以开垦者，悉听本地民、夷垦种，免其生科，并严禁豪强首告争夺。"对于边疆荒地，乾隆则用当地驻兵开垦，"凡驻军在2500人的地方，都要以3/5的人力用来垦荒"。后来，战争平息，各地驻兵减少，不足屯种，乾隆就下令可以召集"流人"，分给他们田地耕种。另外还分给商人每户30亩承垦新地，免税6年。乾隆甚至开放了前朝封禁的东北地区，将关外闲散旗人迁移过去进行垦荒种地。

　　乾隆制定的这些政策鼓励了官员和农民的积极性，各地官员纷纷身体力行，推动农业经济的发展，而农民也加快了对耕地的开垦。在长期的实践中，农业生产工具和农业耕作技术都有了提高和进步，北方很多地区都实现了三年四熟或两年三熟。此外，农民广泛引进和推广新作物品种，提高了农产品的产量。耕地面积更是显著增长：雍正二年，全国可耕面积683万余顷，乾隆三十一年扩大到741万余顷。

　　到清代中期，江南地区已经成为全国的财税大户。乾隆对维护这一地区的安全和社会的稳定，也做了大量的工作，其中最重要的就是返修江浙海塘工程，在海边修建新的鱼鳞石塘。所谓鱼鳞石塘，指的是以条石修筑的堤坝。这种堤坝在修建时，先将条石纵横交错，自下而上垒叠整齐，再在条石上凿出榫卯眼儿，用铁锔和铁榫勾搭连环锁死，之后用油灰、糯米浆浇灌合缝处，最后还要在塘底打桩。由于条石层次分明如同鱼鳞，所以称为"鱼鳞石塘"。这种堤坝建成以后，浑然一体、牢不可破，可以有效地防止潮水对地势较低的沿海地区造成灾害。

　　早在乾隆元年（1736年），海宁一带就修筑了近6000丈的鱼鳞石塘。后来，乾隆委派治水专家，河道总督嵇曾筠接手此事，他将年深日久、已不牢固的土塘拆除，在海宁南门外又修建了500余丈鱼鳞石塘。乾隆四十五年，乾隆更是借南巡之机亲临海宁，并下令将当地所有可建鱼鳞石塘之处尽行修建。仅这一工程就花费白银数百万两。在乾隆的大力督促下，不仅浙江地区，江苏地区也修建了大规模的鱼鳞石塘。到乾隆末年，江浙的鱼鳞石塘已经互相贯通，北起江苏宝山，南至浙江仁和。鱼鳞石塘蜿蜒数百里，与长城、大运河并称为我国古代三大土木工程。

此外，乾隆还建立并完善了关于海塘工程的各项规章制度，如安排官兵管理和巡逻，配备仓储物资随时供应维修，这些措施对于维护海塘的正常运作起到了至关重要的作用，进而保证了东南沿海地区的和平安定与社会繁荣。

在农业快速发展所获得成就的支持之下，乾隆年间的手工业与商业也获得了长足的进步。手工业的发展促进了经济作物种植规模的扩大。华北平原，特别是河北地区，普遍种植棉花，"冀、赵、真定诸州属，农之艺棉者，十之八九"。长三角地区和珠三角地区则广泛种植桑树，当地人获利颇丰。至于山区则大量种植茶树，吸引了不少客商。新开发的台湾地区，每年的蔗糖产量达到1亿斤之巨。经济作物的种植，使粮食运输贸易也逐渐兴起，长三角一带和福建地区到乾隆时期都要倚仗外地粮食的供给。

手工业的发展还使得商品的种类增多，生产规模提高，销售市场扩大。苏州的织工开发出了新的丝绸式样，并且"专其业者，不啻万家"，其产品不仅畅销于国内，而且还出口到日本、东南亚，甚至欧洲各国；而南京的棉布年销量，仅仅10年之内就涨了3倍，达到100万匹之巨。采矿业在乾隆时期也有了新的发展。乾隆八年（1743年），乾隆决定开放矿禁，"各省凡有可采之山厂，俱经该地方官查明保题，先后开采，以济民用"，这也使清代的手工业有了新的发展。

乾隆不仅想办法为黎民百姓创收，还效仿康熙帝多次减免钱粮征收，还曾于乾隆二十一年（1756年）、三十五年（1771年）、四十二年（1778年）、四十三年（1779年）、五十五年（1791年）数次普免全国钱粮。其减免的规模、次数和数量都超过了前朝。乾隆时期还曾用7年时间将全国漕粮普免一遍，后又两次普免天下漕粮，普免金额达1000万两白银。

尽管如此，由于生产的发展和社会经济的全面繁荣，清政府的岁入反而逐渐提高，由原本每年的三四千万两，一度达到乾隆四十二年的8100余万两，到乾隆末年，也能保持稳定在六七千万两的水平上。

此外，为防备灾荒歉收，乾隆朝还通过官储、民储、商储的途径，实行大规模储粮，总数达到1亿石。在灾荒之年，这些储粮能够起到保证民生的作用，体现了乾隆作为一代帝王的长远眼光，也使乾隆时期国库充盈、国力强盛，所以才有能力支付乾隆六下江南的奢华之需。

乾隆勤于政务，努力发展经济的举措不仅让自己，也让全国人民享受到了社会经济发展带来的好处。

据野史记载，江苏吴县的席氏和浙江嘉兴县的陶氏是姻亲。陶氏去席家拜访，从下船的地方到宅邸两里多的路都张灯结彩，搭设灯棚。到家之后天天大摆筵宴，还有吹拉弹唱助兴。席氏不无得意地问陶氏，你看我这宅邸没什么缺点了吧。陶氏淡淡地说，都还好啦，不过你的客厅地砖太大，书房窗外的池塘也没有荷花。席氏听了微微一笑。两个时辰之后，席氏邀请陶氏再去看客厅和书房，只见客厅的地砖全部换成了小块的，而池塘里也种满了荷花。其富庶奢靡程度真是令人咋舌。

不过，乾隆时期繁荣的社会经济也造成人口的激增。乾隆六年（1741年），全国人口约为1.5亿人，仅仅50年之后，人口数量翻了一倍达到3亿人，这导致了自然与社会压力的激增，社会的不安定因素逐渐增加。人口增长带来的压力日益明显。乾隆帝就曾经说过"承平日久，生齿日繁，盖藏自不能如前充裕"，还说"生之者寡，食之者众，朕甚忧之"。此外，人口增长还导致物价的上涨。在物价上涨的冲击下，国家收入的另外一项重要来源——炼铜、漕运和盐业的成本也提升很快，难以为继，纷纷破产，形成了"人口增加——土地减少——物价上涨——工业破产"这样一个恶性循环的怪圈。在康乾盛世美好阳光的背后，即将来临的是道咸衰世的乌云。

第五章

有心无力的嘉庆

前任挖坑，后任难平

经过康熙、雍正、乾隆初期的励精图治之后，清王朝进入了它的鼎盛时期，中央集权发展到巅峰。到了乾隆末期以后，在盛世面纱的掩盖下，土地高度集中、民生困顿、财政困难、吏治败坏、军备废弛，盛世之谓徒有虚名。尽管经白莲教已被重创，减少了活动，但东南沿海的海盗、广东等地的天地会、京畿地区的天理教等势力变得活跃起来，西方列强也蠢蠢欲动。

嘉庆皇帝接手的大清国，已是开始走下坡路的大清国，远不能与所谓"康乾盛世"时期相提并论。

腐败问题是矛盾之一，尽管嘉庆杀了和珅，撤换6个总督，发起惩贪高潮，但其后各地贪官依然不思收敛，贪污日甚一日。

在康乾时期，府库充盈，贪腐问题造成的危害还可以掩盖。但因为乾隆不断用兵，大量消耗了国库；同时，乾隆极重享乐，六次南巡挥霍无度，各种典礼也是铺张浪费；为了博取美名，乾隆又五次免除全国赋税……种种原因造成国库出多入少，严重影响了政府的正常运转。为了维持运转，各地许多官府四处借债，欠了债，官府自己生不出钱来，只能加倍转嫁到老百姓头上，通过各种名目的苛捐杂税来敛财偿还，这就进一步加重了人民的负担。

军队是保证统治稳定和国家主权的暴力机构。军队不能打仗，对内不能镇压起义、造反，对外不能维护主权。因此，国家强大与否，军力是重要标志之一。清朝早期，八旗军战斗力很强，是建州女真入主中原的重要支持力量。但入关后，优越的生活腐化了八旗官兵，再加上军官贪财、士兵疏于训练，战斗力严重削弱，军人的荣誉感丧失殆尽。

嘉庆在位时，内务府曾经有一个叫陈德的厨子，在内务府工作5年后被辞退。陈德的妻子当时已经去世，家中有两个未成年的儿子，一个15岁，另一个14岁，此外还有一个瘫痪在床的岳母。没了工作的陈德自觉生活没有了希望，想自寻短见，又觉得默默自杀无人知道，总是枉死。因此，1803年，也就是嘉庆八年闰二月二十日那天，陈德混进宫中。等嘉庆经过时，他手持身佩小刀冲向嘉庆。当时嘉庆身边有百余名侍卫，居然只有6人上前护卫，其余都袖手旁观。幸亏嘉庆的姐夫——七额驸拉旺多尔济出手将陈德拿下，虚惊一场。从中可以看出，嘉庆时的军队问题已经十分严重。

对于清王朝的这种现状，嘉庆帝也十分清楚。在他的《遇变罪己诏》中，他称：

……我大清国一百七十年以来，定鼎燕京，列祖列宗，深仁厚泽，爱民如子，圣德仁心，奚能缕述？朕虽未能仰绍爱民之实政，亦无害民之虐事，突遭此变，实不可解。总缘德凉衅积，惟自责耳。然变起一时，祸积有日，当今大弊，在'因循怠玩'四字，实中外之所同，朕虽再三告诫，奈诸臣未能领会，悠忽为政，以致酿成汉唐宋明未有之事。较之明季梃击一案，何啻倍蓰？言念及此，不忍再言。予惟返躬修省，改过正心，上答天慈，下释民怨……

这是嘉庆对执政以来所遇之事的总结，的确是由心而发，其态度之诚恳，让人们不得不对这位"平庸"的皇帝的内心世界有了更深的了解。

嘉庆亲政后，可谓是危机连连。嘉庆二十三年（1818年），在经历一系列的问题之后，嘉庆皇帝准备东巡。

在清朝，所谓的东巡指的是皇帝出巡清王朝的发祥地：盛京、吉林、黑龙江等地这些地方。那里，有着爱新觉罗氏先祖们的陵寝，有着大清帝国龙兴的根基。因此，清代数位皇帝对东巡一事都表现出特别的重视，自清军入关后，在200多年的时间里，康熙、乾隆、嘉庆、道光四帝共计10次亲赴东北，祭祖谒陵，以表示自己不忘祖先、不丢根本的态度。

皇帝出巡，地动山摇，就算再节俭，所耗费的钱粮也是惊人的。生性节俭的嘉庆历来禁止铺张浪费，甚少出巡，唯独东巡执意要去。

此次东巡，嘉庆是顶着巨大阻力上路的。当时，大臣们普遍认为，在财政困难的当下，像东巡这样并非必须举行的典礼，应该能缓则缓，能罢则罢。但嘉庆皇帝心意已决，甚至不惜惩治了阻谏的大臣。当终于站在祖陵面前时，嘉庆皇帝说：

子孙若稍存偷安耽逸之心，竟阙此典，则为大不孝，非大清国之福，天、祖必降灾于其身，百官士庶，若妄言阻止，则为大不忠，非大清国之人，必应遵圣训立置诸法，断不可恕，况乱臣贼子，岂可容乎？

在这次东巡过程中，嘉庆多次强调：大清江山来之不易，各位臣工、八旗子弟应该继承祖先艰苦奋斗的优良传统。他试图通过自己的强调来引导大清王朝实行"守成"和"法祖"的发展方针。

这一段时期，嘉庆的政治手腕可圈可点，颇有乃祖雍正的风范。成熟稳重的嘉庆已经意识到清朝面临着一场严重危机，如果置之不理，大清基业很可能就在他的手中断送。因此，他采取了一些果断措施，希望解决问题。然而，时代在发展，社会在进步，延续了2300多年的中国封建社会此时已经落后于时代，正是穷途末路。嘉庆的努力在时代的前进步伐面前无异于螳臂当车。所以，嘉庆虽然在亲政初期颇有作为，但随着问题的层出不穷，也渐渐无力为之了。

死的心有不甘

1820年，嘉庆二十五年七月，年过花甲的嘉庆皇帝，率领着大队人马第 16 次到承德避暑山庄避暑。按原定计划，嘉庆要在避暑山庄度过整个夏天，一直住到中秋，到木兰围场举行秋狝大典后，再从避暑山庄返京。

抵达避暑山庄当天，嘉庆到永佑寺中祭拜了康熙、雍正和乾隆，然后回到烟波致爽殿，又处理了两件并不算紧急的公务，也就休息了。

第二天，七月二十五日，嘉庆感到呼吸急促，胸口疼痛，说话很吃力，急忙传太医诊治。太医诊脉之后，认为嘉庆只是轻微的中暑，嘉庆自己也觉得并无大碍，因此并没多想。没想到到了中午，嘉庆的病情加重，呼吸更加困难，处于半昏迷状态。太医对此束手无策。到了傍晚，承德一带降下暴雨，天空乌云密布，电闪雷鸣。一个突如其来的霹雳使嘉庆受到惊吓，病情再次加重。没多大一会儿，嘉庆皇帝就驾崩了，终年 61 岁，在位 25 年，死后被葬于昌陵，庙号为仁宗睿皇帝。

嘉庆一生没有得过大病的记录。鉴于康熙、乾隆的高寿，以及自己身体状况的良好，嘉庆深信自己也是长寿之人，活个八九十岁是大有希望的。因此，在批评大臣操办嘉庆六十寿辰庆典太过破费的上谕中，嘉庆还表示他的七十、八十、九十寿辰都要从简办理。由此可见，嘉庆对自己的寿命是很乐观的。谁都没有想到身体好好的嘉庆居然暴病而亡。有人根据官方记载推测，嘉庆是在年高体胖的情况下过度忧虑疲劳，外加天气炎热，猝发心脑血管疾病而死。

嘉庆皇帝自继位之后，在勤政上有雍正遗风。他曾踌躇满志，想要扭转乾坤，振兴大清。但他的才能和清王朝当时的状况使他空有理想而无法实现。在位 25 年，嘉庆始终没有盼来复兴的局面，自己却被长期的劳累、伤神、苦恼、忧郁和烦躁带到了生命的尽头。

嘉庆作为一代帝王，虽然没有完成大清中兴的伟业，修复帝国的千疮百孔，但从个人品行上，也算得上是一位明君。

嘉庆皇帝算得上是清代最勤政的皇帝之一。在位 25 年，每日早起，洗漱之后，他都会严格恪守祖训，恭敬地端坐在书案前阅读一卷先朝

《实录》。他每日里于早膳后召见大臣议政，每天披览奏折甚至废寝忘食，从不懈怠。

因为时局艰难，嘉庆非常注重节俭，对奢侈浪费深恶痛绝。在嘉庆51岁寿辰的时候，御史景德曾奏请按照乾隆朝的做法在京城请戏班演戏10天以为庆贺，并请求以后嘉庆每年过生日都遵循此例。嘉庆为此勃然大怒，指责景德是要让朝廷行铺张浪费之事，于民生有害，立即将景德革职。嘉庆两次东巡，不带一嫔一妃，不准兴建行宫，一路都是住在毡帐中。

在用人上，嘉庆尤为注重品德，最厌恶贪污败德之人。这固然让贪污腐败之风多少受到了一点限制，但也导致嘉庆朝政坛上没有出现杰出的人才。

嘉庆于那个重要时期登台执政，也就肩负了振兴大清的使命。在25年的执政生涯中，他一直殚精竭虑地去努力，却终究未能如愿地扭转局面。在死前，嘉庆曾给继位之君留下叮嘱：一定要根治腐败、鸦片、水患。

嘉庆死了，带着不甘与希望撒手人寰。在他之后，清王朝何去何从？

第三卷
夕阳残照——在残败家园被辱的岁月

第一章

落魄挨打奈何天

鸦片贩子的克星

1840年的鸦片战争掀开了中国近代史的序幕，而提起这场以"鸦片"为名的战争，不免让人联想起民族英雄林则徐此前开展的种种禁烟斗争。林则徐，字少穆，1785年生于福建侯官（今福州），为唐朝莆田望族九牧林后裔，父亲林宾日以教书为生。嘉庆三年（1798年），林则徐中秀才，就读鳌峰书院。嘉庆九年（1804年）中举，任厦门海防同知书记，后入福建巡抚张师诚幕府。嘉庆十六年（1811年）中进士，选为翰林院庶吉士，授编修。在京期间，他曾与南方出身的清流派小京官陶澍、黄爵滋、龚自珍等人结成文学团体"宣南诗社"，经常议论时局，讨论治世的学问，为其日后的先进思想、开阔眼界打下基础。嘉庆二十五年（1820年），任江南道监察御史转浙江杭嘉湖道，为当地修筑海塘，兴修水利，发展农业，屡树政绩。

道光十七年（1837年）正月，林则徐升任湖广总督，以"修防兼重"的措施解决了当地夏季的河灾问题，使"江汉数千里长堤，安澜普庆，并支河里堤，亦无一处漫口"，贡献斐然。

清初，以英国为首的西方殖民国家为了扭转贸易逆差，回流白银，对中国采取倾销鸦片的恶毒手段，以此敲开中国的大门。鸦片大量流入中国，为殖民者带来大笔财富，却给中国带来了巨大的灾难。一方面，鸦片的大量输入严重冲击了中国的封建经济体制，使中国在对外贸易关系中开始处于逆差的地位。大量白银外流，致使清政府国库空虚，财政拮据，百业萧条。另一方面，成千上万的中国人因吸食鸦片上瘾，身心备受毒害摧残，家破人亡，民不聊生，而鸦片贩子大量行贿也加剧了清政府的吏治腐败。种种情况使人们要求禁烟的呼声越来越强烈。

道光十八年（1838年）六月，鸿胪寺卿黄爵滋等人上奏，痛陈鸦片祸害，揭发官吏包庇鸦片烟贩，主张坚决遏制鸦片的输入，并且加重对吸食者的惩治以禁绝鸦片。

据此，道光帝令各地督抚各抒己见，林则徐对黄爵滋的禁烟主张坚决支持，又提出六条具体的禁烟方案，并率先在湖广实施，收效甚好。在此后的两个月内，他三次主动上奏，重申严禁鸦片的重要性："若犹泄泄视之，是使数十年后中原几无可以御敌之兵，且无可以充饷之银。"他的建议坚定了道光帝禁烟的决心，道光皇帝曾先后八次召见林则徐，具体听取了林则徐关于禁烟的方略。道光十八年十一月，林则徐被授为钦差大臣，赴广东主持禁烟，并节制广东水师，查办海口，收效显著。

1839年3月10日林则徐到达广州，成千上万的人挤在珠江两岸以示欢迎。1839年3月18日，新官到任的林则徐就发布了两个谕贴，命外国鸦片商贩限期缴烟，并具结保证今后永不夹带鸦片。3月19日，他会同两广总督邓廷桢等传讯十三行洋商，要求其履行谕贴，但遭英国驻华商务监督义律及外商拒绝。他义正词严道："若鸦片一日不绝，本大臣一日不回，誓与此事相始终，断无中止之理。"此后，林则徐下令禁止外国人离开广州，又采取包围商馆及查拿英国鸦片贩子等行动，终于挫败狡诈的义律和鸦片贩子，成功收缴英国趸船上的全部鸦片近2万箱，约237万斤。

林则徐的收烟之举引起了外国人的愤怒，他们认为清政府想从此对鸦片实行专卖，垄断鸦片市场。不过出乎他们意料的是，在收缴鸦片以后，林则徐报告道光皇帝，要求验明数量，然后进行焚毁。

道光十九年四月二十二日（1839年6月3日）这天，林则徐在虎门海滩开始当众销烟,他让士兵在海滩上挖成两个十五丈见方的池子,灌入卤水,把鸦片切成小块投入卤水中,浸泡半小时后再投入生石灰,石灰遇水立即滚沸,冒出滚滚浓烟,整整花了 23 天的时间,收缴的鸦片才被全部销毁干净。

在查禁鸦片的这段时间里,林则徐曾经书写过这样一副对联:"海纳百川有容乃大,壁立千仞无欲则刚。"这副对联既表现了他对自己广开言路、杜绝私欲的要求,同时也反映出他对于西学的一种接纳态度。这是因为在广州禁烟的过程里,林则徐意识到英国殖民者绝不会善罢甘休,很可能将以武力侵略中国。因此,他进行了一系列"师夷之长技以制夷"的军事变革实践。

一方面,他亲自主持并组织翻译外国书报,将外国人对中国的评论译成《华事夷言》,成为当时中国官吏的重要"参考消息";为了解外国的军事、政治、经济情况,将英商主办的《广州周报》译成《澳门新闻报》;为了解西方的地理、历史、政治,组织翻译英国人慕瑞所著的《世界地理大全》,编为《四洲志》;他还组织翻译瑞士法学家瓦特尔的《国际法》等一系列著作。通过分析外国的政治、法律、军事、经济、文化等方面的情况,他更加深刻体会到只有向西方国家学习才能抵御外国的侵略。

另一方面,他着手整顿海防,从外国秘密购入 200 多门新式大炮配置在海口炮台上。又搜集并组织了大炮瞄准法、战船图书等资料以改进军事技术。组织官兵在东较场(今广东省人民体育场一带)学习西洋武器的使用,又招募了 5000 多渔民编成水勇,加强水防。

1839 年 7 月,义律以维护杀害中国村民的英国水手为由挑起九龙炮战和穿鼻洋海战。林则徐亲自前往虎门督战,取得反击的胜利。不过这只是战争的前奏,1840 年 6 月,鸦片战争正式打响。英军先以广东福建为目标,久攻不下遂转战浙江,定海沦陷,英军继而北上入侵大沽。得知消息的道光帝惊恐万分,急忙派使求和,因遭小人诬陷,明明抗英有功的林则徐却被皇帝归责"办理不善",多次下旨斥责,林则徐却依然为广州抗英奔走察看，四处招纳贤勇，又坚决反对钦差大臣琦善畏敌求和。他对此时负责主持粤战的奕山建议防御之策，却终不被采纳。是年十月，林则徐被道光帝革去两广总督之职，自1839年3月到达广州起，他已经主持禁烟抗英军事斗争长达19个月。其间，他敢于学习外国先进科学技术的精神，受到人们的高度赞扬，被誉为"开眼看世界的第一人"。

遮羞破布化炮灰

虎门销烟之后，英国向中国输出鸦片的贸易受阻，无事可做的英国商船都聚泊在香港九龙尖沙咀一带海面，拼命寻找着一线商机。

1839年6月20日上午，一伙英国水手来到尖沙咀上的一个小渔村的小杂货铺里买酒，当即喝起来。几瓶酒不够尽兴，而小杂货铺里的酒已经都卖给了他们。店主做手势解释说，酒已经卖完了。这些英国水手认为店主故意不卖，开始闹事。

附近村民闻讯赶来，对于洋人的行为非常愤慨。英国水手却肆无忌惮，甚至还用中国话骂道："一群蠢猪！"青年农民林维喜上前指责洋人，喝醉了的英国水手不知收敛，反而动手动脚，引发了村民的更大不满。见此架势，几个英国水手立即操起杂货铺前的一根木棍，朝村民们打去，多人受伤，林维喜因离得最近，被击中后脑，当场昏倒，因救治无效而亡。几名英国水手则在村民们追打时逃走。林则徐查清此事后，立即派人和义律交涉，命令他交出凶手。

义律是一个行事细密、善于辞令的人，闻讯后知道林则徐一定会让他交出凶手，所以在命案发生后随即展开调查。当他知道这次冲突是与英船"卡纳蒂克"号和"曼格洛尔"号的水手有关时，马上采取了在案发当地收买人心，用金钱封住死者亲属之口的措施。

通过支付金钱，义律"买"来了死者之子林伏超所签下的字据，表明其父是意外死亡，跟英国的水手没关系。其字据如下：

父亲维喜，在九龙贸易生意，于五月二十八日出外讨账而回……

被夷人身挨失足跌地，撞石毙命。此安于天命，不关夷人之事。

林则徐对此当然不能容忍，坚决敦促义律尽快交出凶手。狡猾的义律开始和林则徐耍起花招。他用外交辞令答复说："查尖沙咀村民一名，被殴毙命，远职遵国主之明谕，不准交出罪犯，而按本国律例，彻底调查情由，秉公审办。如查出实在凶犯，也准备治以死罪。今现职谨报诚言：该罪犯不（没）发觉（现）。"

林则徐义正词严地驳斥道："查该国一直有定例，本国人到哪个国家贸易，即遵守哪个国家法度，该国王远在数万里之外，怎能谕令不准交出凶犯？"

8月12日，义律假模假样地在一艘英国货船上设立了"法庭"，自己充当"法官"，声称被审者就是刚被他缉拿的参与"林维喜案"的5名凶犯。经过一番所谓的"审讯"，义律当"庭"宣布，5人中的3人判处监禁6个月，各罚款20英镑；其余的2个人则判处2个月监禁，各罚款15英镑。

这样的"判决"哪里还有公平可言？林则徐被深深地激怒了。

8月15日，林则徐发布一道禁令，禁止与英国进行一切贸易，清兵进驻澳门，进一步将英人驱逐出境，所有卖与英人的食物一律停止供应，英人所雇用的中国买办、佣工全部撤回。无奈之下的英人只得撤离澳门，在货船上寄居。

告示发出后不久，林则徐再发谕帖，要求英方将交出打死林维喜的凶手。而义律则对中国钦差的要求拒绝回应。双方陷入了僵局。

禁令发出后，从澳门被驱逐到船上的英商和侨眷断绝了赖以生存的物资，原有的中国雇员和仆役也纷纷离去。英商和侨眷自然把怨气发泄在包庇凶手的义律身上，迫于同胞的压力，义律致信葡萄牙官员，请求予以支援。但葡萄牙不想卷进这场纷争中，明确表示他们不能保证其安全。

9月5日，义律派传教士郭士立与林则徐谈判，要求他解除禁令，恢复正常贸易关系，被林则徐拒绝。下午14时，义律发出最后通牒，林则徐不予理睬。15时,在义律的授意下,英国军舰向负责封锁的中国船舰开火。对于这种挑衅中国主权的行为,林则徐勃然大怒,于次年初下令正式封港。1840年4月,英国议会正式通过发动战争的决议案,于5月调集大量英国军舰,云集珠江口,准备开战。对于英国的这种嚣张行为,林则徐毫不示弱,与5月9日晚派10艘火船主动出击,击毁11艘英船。鸦片战争自此揭开了序幕。

当林则徐开始在广东准备进行抵抗英国侵略者时,是得到道光帝的认可和支持的。但在英国侵略者绕过广州、袭取定海后,道光皇帝动摇了当初的禁烟和抵抗政策,立即投降妥协。这位万圣之尊被定海的惨状吓坏了,一位曾经亲自参加了定海之战的英国军官后来回忆说:

军队登了岸,英国旗就展开,从这一分钟起,可怕的抢劫光景就呈现在眼前。暴力地闯入每一幢房子,劫掠每一只箱箧,街道上堆满了图画、椅子、桌子、用具、谷粒……一切这些都被收拾去,除了死尸以及被我们无情的大炮弄残废了的受伤者。有的丢了一只脚躺着,有的两只脚都没有,许多被可怕地割裂,被霰弹射穿。只当已经没有什么东西可拿的时候,才停止抢劫。

更惨无人道的是,英军攻陷定海后,即在城乡进行血腥劫掠与屠杀。据书中记载,英军进入定海后"成群结队,或数十人,或百余人,凡各乡各岙,无不遍历,遇衣服银两,牲口食物,恣意抢夺,稍或抵拒,即被剑击枪打。数十万生灵,如坐针毡,延颈待毙"。

面对英侵略者的抢劫和屠杀,昔日繁华富庶的定海,变得满目疮痍。原来的数万只渔船,"今已一只皆不见"。

其实,在定海失陷后,当时的清朝统治集团中实际存在着两种态度:一种以穆彰阿、琦善等为代表,他们都是满族的贵族代表。在他们眼里,外国侵略者船坚炮利、武器先进,凭着清朝现有武力,根本不是西方列强的对手,不可能战胜。因此即使做出一些必要的妥协,也要绝对避免与其发生冲突。

另一种态度则以林则徐等一批汉族官员为代表。他们懂得开眼看世界，对英军武力优越与清军武力装备废弛有着比较客观的认识，他们也不愿与英军动用武力。但他们把整个中华民族的利益放在首位，不能容忍外国侵略者践踏蹂躏中国主权，而要与之进行坚决斗争，并提出了一系列的可行方案。他们相信，只要充分利用中国的有利条件，是完全可以打败侵略者的。

这两种截然不同的态度，究竟哪一种能成为清政府的对英方针，关键取决于道光帝。

道光帝生于清王朝由盛转衰之际。无法再创盛世的他自从即位之后，内：腐败丛生、民生哀怨，外：鸦片枪炮、强权外交，纷至沓来。一方面他对于祖父乾隆皇帝之时的鼎盛之世记忆犹新，不愿意看到祖宗留下的基业在他手中继续衰败，而是希望有所作为，继续开创新纪元；另一方面，他对于世界的变化愚昧无知，对于工业革命后西方各国的飞速发展嗤之以鼻，依然沉溺于他的"天朝上国""万邦来朝"的幻梦之中，不去思索世界形势的变化，殊不知，清王朝在世界上已经落伍了。

然而，道光彻彻底底地错了。鸦片战争的一声炮响，英军大举来华侵略，攻陷定海，道光帝惊恐地发现，事态的发展完全出乎自己的意料，局面变得越来越不可收拾，于是他的强硬态度开始动摇。他首先想到的就是设法消弭"边衅"，防止事态扩大。这与琦善等人的妥协主张正相吻合。

此时，道光帝对于林则徐的抵抗意见充耳不闻，反因定海失守迁怒于林则徐，并派琦善前去与英军商讨。而琦善在广东与义律的一系列妥协却被道光帝认为"片言片纸，连胜十万之师"，"退敌"有"功"。于是，道光帝将林则徐革职查办。

不得不承认，道光帝亦有他的无奈，但民族利益、国家主权是不能妥协的。他却丧权辱国，说得冠冕堂皇：

览奏愤懑之至，朕惟自恨自愧，何至事机一至于此，于万物可奈之中，不能不勉允所请者，诚以数百万民命所关，其利害不止江浙等省，顾强为遏抑,照议办理。

然而,冠冕堂皇的语言遮盖不了辱国丧权的事实,一系列不平等条约的签订,彻底撕掉了感觉良好的大清王朝最后一块遮羞布。

到梦醒的时候了

当清政府的态度从抵抗转向妥协时,英国侵略者的野心更是疯狂得了无止境,而清政府却一味地满足侵略者这种无耻的贪婪。

西方列强为什么对中国如此肆虐和疯狂无耻呢?清政府又为何一再妥协退让呢?

落后就会挨打!

大清曾自诩"天朝上国",一场鸦片战争让那些美梦中的统治者惊醒。在漫长的古代社会,中国曾创造了灿若星辰的"世界第一"。可是,经过中英鸦片战争,中国一触即溃、俯首求和的现实,使中国的形象一落千丈,而西方人很快便以傲慢的神情来看待中国。

一个参加鸦片战争的英国军官在《英军在华作战记》中写道:"中国是个长期愚昧而又骄傲的国家,是一个没有自我更新能力和缺乏活力的国家。"

第一次定海海战之后,清政府遂向英侵略者妥协。然而,当英国全权代表义律将《草约》送到英国后,以英国女皇为代表的英国政府对义律的行为却大为不满。作为战胜者,他们觉得应该得到更多的东西,而义律勒索到的东西太少了。因此,英国政府决定扩大战争,遂召回义律,决定扩大对华战争以攫取更大的利益。

英政府改派璞鼎查为侵华全权代表,用洋枪洋炮从清政府手里夺得更大的权益。清政府统治集团以为在它作出更大让步之后,战争就会平息,恢复战前的老局面,继续安享"太平"。然而,英国侵略者在其野心没有得到满足之前,压根儿不打算罢休。

英军集结大批军队再次北上,由璞鼎查率领,接连攻陷鼓浪屿、厦门、定海、镇海及乍浦,清军在战争中连连失利,一败再败。定海已经是第二次被攻破，总兵葛云飞、郑国鸿、王锡朋率五千守军英勇抵抗，与英国侵略军血战六昼夜，最后英勇牺牲。英军占领这些地方后，到处烧杀抢掠，由于侵略战争进展得顺利，璞鼎查竟狂妄地向英国政府建议："女王陛下可以宣布，中国的某些港口，或者某些沿海地区，将并入英国的版图。"

英军接着又攻打长江的门户吴淞，江南提督陈化成率军坚守吴淞。最后陈化成与部下死守西炮台，孤军作战，直至战死。吴淞口一失，上海、宝山跟着失守。接着英军沿江西上。英军舰队开到镇江，副都统海龄率官兵奋勇抵抗，经过激烈的巷战，直至打到最后一人，镇江失守。8月4日，英军直逼南京，清军节节败退，朝野上下人心惶惶。然而，清政府越是磕头乞降，侵略者越是气焰嚣张。

面对着定海、镇海、宁波三城的失守，道光皇帝的天朝上国梦却还没有惊醒。十月十八日，道光帝任命他的另一个皇侄奕经为扬威将军，前往浙江收复失地。结果奕经大败，狼狈逃往杭州，不敢再与英军交战。

坐镇京城的道光皇帝听到战败的消息，十分惊慌，立即派耆英和伊里布赶到浙江去向英国侵略者求和。

这时，英军舰队抵达南京江面，架起大炮，宣称要开炮攻城。这时，清政府完全被侵略者的淫威所吓倒，彻底屈服了，赶紧派耆英、伊里布赶到南京议和。

至此，第一次鸦片战争结束。

1842年8月19日，清政府代表耆英、伊里布登上英国军舰"汗华丽"号，在英国殖民者的枪炮和旗帜下，伴随着一声声"女王万岁"，与英国全权代表璞鼎查正式签订了第一个丧权辱国的不平等条约——《南京条约》。

到此，历时两年多的鸦片战争以可耻的"城下之盟"而告结束。天朝上国的美梦彻底破碎了。

这一纸条约不仅是英国侵略者对中国人民的无耻掠夺，不仅使清政府的财政更加困难，人民的负担加重，而且开创了侵略者对中国勒索赔款的先例。

《南京条约》的影响不仅如此，它还让西方列强都闻到了中国这块肥肉的醇香。原本属于中英两国的鸦片战争，却让西方很多列强趁火打劫。美国和法国也乘人之危，相继以武力威胁清政府签订了《望厦条约》和《黄埔条约》，从中国勒索了不少好处。紧接着，葡萄牙、普鲁士、比利时、西班牙、荷兰、挪威、瑞典、丹麦等国也纷至沓来，都来"分享肉羹"，纷纷与中国签订了不平等条约。

第二章

太平城的太平军

残疾君王有妙计

文宗体弱，骑术亦娴，为皇子时，从猎南苑，驰逐群兽之际，坠马伤股。经上驷院正骨医治之，故终身行路不甚便……

——《清史稿》

据上述史料记载，道光帝的四皇子奕詝，也就是后来的咸丰皇帝，登基之前，狩猎时从马上摔了下来，经过太医的精心治疗，骨病虽然好了，却落下残疾，成了跛子。

那么，这么一个身有残疾的皇子是怎样赢得道光的宠信而登上大统之位，成为天下之主的呢？

奕詝排行第四。道光帝有9个儿子，到道光二十六年，大阿哥奕纬、二阿哥奕纲、三阿哥奕继都已死去，皇四子也就实居皇长子之位。道光考虑到自己年岁已大，身体又不好，立储之事成了当务之急。要知道，在皇朝政治中，确立皇储是无可争议的头等大事。道光的儿子虽然只剩六个，但想要在其中选出一个可以延续大清后世的继任者，并非易事。

当时，五阿哥奕誴已经过继给了醇亲王绵恺为子，失去了继承大统的权利。六阿哥就是后来人称鬼子六的奕䜣。老七、老八、老九年纪尚小，无须考虑在内。所以皇太子人选实际上只有奕詝和奕䜣。

奕詝的母亲在他10岁时就已经去世，一直是由静贵妃，也就是奕䜣的母亲来照顾他，所以奕詝视静贵妃如同生母，视奕䜣如同胞弟，奕䜣如视之。奕詝和奕䜣关系从小就一直都很好，这就更增加了道光选择皇储的困难。

奕詝和奕䜣，这两个儿子之间到底选择哪个来继承祖宗的江山，道光帝犹豫不定。

立储不是儿戏，于是，道光帝便开始考察四阿哥和六阿哥的能力。首先，道光帝想考考这两位皇子的骑射功底。皇四子之师傅为杜受田，皇六子之师傅为卓秉恬。他们的老师都分别给自己的弟子出了主意。奕䜣的箭法在阿哥中是最好的，他捕获的猎物自然也是最多的。道光一看很是高兴，心想奕䜣确实是很有本事。而皇四子奕詝肯定是不如自己的六弟。这就显示了杜受田的政治智慧，他教奕詝索性一箭不发，自然也就没有任何收获了。道光看到奕詝如此无能，当然很是生气。奕詝却说："父皇恕罪，儿臣以为眼前春回大地，万物萌生之际，正是禽兽生息繁衍之期，儿臣实在是不忍心杀生，恐违上天的好生之德。"

这就是"藏拙示仁"的妙计，把自己的短处藏起来，来表示自己仁爱。道光觉得奕詝很符合儒家"仁"的思想，心中便暗暗地肯定了奕詝。

据史料记载，为了最终确定自己的选择，道光帝在一次病重时，召奕詝和奕䜣二皇子入对，借以决定储位。两位皇子各请命于自己的老师。奕詝的老师杜受田对他说："阿哥如条陈时政，智识万不敌六爷。唯有一策，皇上若自言老病，将不久于此位，阿哥唯伏地流涕，以表孺慕之诚而已。"如其言，帝大悦，谓"皇四子仁孝"，储位遂定。

这便是藏拙示孝的典故，可以说，奕詝能登上皇位，与恩师杜受田的政治智慧是分不开的，"藏拙示仁"，又"藏拙示孝"，在"仁"和"孝"这两个字上表现得比较突出，所以道光就选择奕詝做皇太子。可见，道光在选皇太子的时候，只考虑到了德而没考虑了才，实际上咸丰后来在德的问题上做得也是很不够的。杜受田的政治智慧让道光帝选择了一位没有治世才能的平庸皇子继承了大统。

自欺欺人大同梦

1851年（咸丰元年）1月11日，洪秀全在广西桂平金田村起义，起义军称太平军，建国号太平天国。3月，洪秀全在广西武宣东乡称天王。8月20日，太平军在广西平南官村一带大败由向荣率领的清军部队，取得自金田起义以来最大的一次胜利，继而乘胜北上大旺墟，后沿大同水旱两路到达永安州（今蒙山）。

1853年，太平军攻陷南京，改南京名为"天京"，定为首都。随后颁布纲领性文献《天朝田亩制度》，规定了以解决土地问题为中心，包括社会组织、军事、文化教育诸方面的革命斗争纲领及社会改革方案。

《天朝田亩制度》的基本内容为"凡分田照人口，不论男妇，算其家口多寡，人多则分多，人寡则分寡"，意思是以每亩土地的年均产量为标准，划分上、中、下三级九等，然后好田坏田相互搭配，按人口平均分配下放。凡16岁以上的人均可以获得一份数量相等的土地，不分男女。15岁以下的则减半。除此之外，还有"丰荒相通""以丰赈荒"的调剂办法。可以说，《天朝田亩制度》的颁布，充分体现了太平天国"凡天下田，天下人同耕"的思想原则。

除了土地制度，《天朝田亩制度》还对社会的构成单位作了重新规定，以25家为一个基层单位，称为"两"。每两个"两"，设一官职"两司马"作主持。每5家设"伍长"一人，每家各出1人当兵为伍卒,"有警则首领统之为兵,杀敌捕贼,无事则首领督之为农"。而每个基层单位,均建有一个"国库","凡当收成时,两司马督伍长除足其25家每人所食可接新谷外,余则归国库,凡麦、豆、苎麻、布帛、鸡、犬各物及银钱亦然"。各家遇有婚丧嫁娶和生育等事,可按规定到"国库"领取相关费用;鳏寡孤独残废等丧失劳动能力的人,也由"国库"的开支抚养。农民除了耕种外,还要利用农闲时间饲养猪、鸡、蚕,从事纺织、缝衣、制作陶器、木活、打石等家庭副业和手工业生产。

在政治制度上,实行乡官制度。县一级以上,多由革命军将领担任负责人,在地方乡官则由贫苦农民担任。《天朝田亩制度》规定,地方官吏由人民选举,"凡天下每岁一举,以补诸官之缺"。乡官如有贪污不法,人民有检举揭发、随时革退的权力。该制度中关于地方政权建立的规定,实际上大大地推进了革命的发展。

《天朝田亩制度》中还有对于妇女政策的规定。在新的规定中,妇女与男子拥有了一样的权利,都有权得到土地和生活资料的分配,参与军政事务,以及一起参加拜上帝的活动。太平天国禁止缠足和买卖婚姻,极大地保护了妇女权益。甚至还设置女官,开科取士,使妇女地位显著提高,大大提高了妇女的积极性。

在婚姻上,除了废除把妇女当作商品的买卖婚姻,提倡"天下婚姻不论财"以外,太平天国还为自由结合的夫妻颁发结婚证书,称为"合挥"。在合挥之上登记有结婚人的姓名、年岁、籍贯等项目,还盖有龙凤图章。

《天朝田亩制度》集中体现了太平天国反封建的革命性质,它的创制者们希望通过这样的方案,建立一个"有田同耕,有饭同食,有衣同穿,有钱同使,无处不均匀,无人不饱暖"的理想社会,这是因为他们自身对封建剥削有着切肤之痛,然而对于资本主义,由于接触了解不多,他们的确并无多少预见。因此,《天朝田亩制度》同时具备了革命性和封建落后性,这个矛盾是由农民小生产者的经济地位所决定的。这也决定了太平天国领袖们所绘制的平分土地和社会经济生活的蓝图，在实际上根本不可能实现。事实上，为了适应现实的迫切需要，他们不得不采取一些较为切实可行的措施。在《天朝田亩制度》颁布后不久，杨秀清、韦昌辉、石达开等就曾根据天京粮食供应紧张的情况，向洪秀全建议在安徽、江西等地"照旧交粮纳税"。这表明太平天国最后还是承认了地主占有土地，并允许地主收租。封建的生产关系和阶级关系虽然受到冲击，但始终没有得到扭转。

在清政府统治的 200 多年间，土地高度集中，农民破产流离，地租高昂，赋税沉重，严重恶化了农民与封建地主阶级的矛盾，使其发展到极其尖锐的程度。广大贫苦人民迫切要求推翻清王朝反动政权，渴望实现"田产均耕""均田均赋"的小康之世，消除剥削。而《天朝田亩制度》中提倡平分土地的平均主义，在当时的历史条件下就显现了其充分的革命性，成为农民旷古未有的大喜事、盼望千年的"福音"。因此毫无疑问，《天朝田亩制度》的出世不但合乎了农民的需要、符合了当时经济发展的客观需要，更是顺乎历史的要求，它的平分方案坚决否定了封建地主所有制，也为中国萌芽中的资本主义扫清了道路，为其发育成长创造了必不可少的客观条件。

天王梦碎了

永安建制封王之时，洪秀全就曾规定西王以下皆受东王杨秀清节制。这是因为早在举义之前，杨秀清就曾和西王萧朝贵联手上演过一出"天兄天父"下凡的把戏，有了这个代"天父"传言的特殊地位，东王便得以与天王分享在宗教上的最高发言权。在太平天国前期，洪秀全讲求帝仪制和沉溺于宗教迷信，潜居深宫，疏于朝政，因此其地位虽在各王之上，在制度上却是一个虚君。所以，当南王冯云山及西王萧朝贵相继战死后，军政实权就愈加集中到东王杨秀清一人的身上。

在定都天京以后，东王与其他诸王的关系日渐恶化。有一次，北王的下属犯了错误，东王因此问责北王，甚至还下令杖打北王。其后，北王的亲戚因为跟东王的亲戚发生财产争执而激怒东王，东王让北王议罪，北王被迫判其亲戚五马分尸。还有一次，翼王石达开的岳父黄玉昆因公事得罪东王，被杖刑三百，革去了爵位并降职，燕王秦日纲及另一高官陈承瑢在这次事件中亦被东王以杖刑处罚。连天王洪秀全也曾多次被假装"天父下凡"的东王以杖刑威吓，大家对权力膨胀的东王都敢怒不敢言。

1856年（咸丰六年），太平军西征获胜，接连攻破了江北、江南大营，成功解除天京三年之围。天京得到巩固以后，杨秀清权力欲望急剧膨胀，遂起废洪自立之意。8月22日，杨秀清再次以代天父传言的方式，召洪秀全到东王府，逼洪秀全封自己为"万岁"，激化了领导集团内部的矛盾。此时，北王韦昌辉请求天王诛杀东王，天王却没有采纳其建议。后东王以西线紧急为由，把北王韦昌辉和翼王石达开调往前线督师，天京只剩下了天王和东王。不久，陈承瑢向天王告密，揭露东王弑君篡位的企图，于是天王密诏北王韦昌辉、翼王石达开及燕王秦日纲，暗中商议铲除东王杨秀清。

9月1日，北王韦昌辉率三千精兵赶回天京，当夜在城外与燕王秦日纲会合，陈承瑢开城门接应，凌晨突袭东王府，杨秀清被杀，府内数千男女随从家属也被尽数灭口。其后北王以搜捕"东党"为名，诱杀在天京的东王部下各级文武及其家属5000人。东王部属余众奋起反抗，双方展开血战，历时两个月，死者共计两三万人。

10余日后，翼王石达开自武昌赶回天京，责备韦昌辉滥杀无辜的行为，引起韦昌辉对其的杀心，为躲避追杀，石达开连夜逃出天京，但韦昌辉尽杀其留京家属及王府部属。石达开逃至安庆，召集部众四万，起兵讨伐北王，同时上书天王洪秀全，要求杀北王以谢天下，否则班师回京以清君侧。此时在天京以外的太平军大多支持翼王，北王情急之下攻打天王府，洪秀全和朝中大将因此认清韦昌辉的真面目，诛韦昌辉。后来洪秀全又派兵把秦日纲和陈承瑢押回处斩。长达两个多月的天京变乱（又称杨韦事变）终告一段落。

11月，石达开率兵回天京，接管军政内务。虽然其为扭转危局尽心尽力，却遭到了天王的猜忌，重用其兄弟以牵制石达开。1857年（咸丰七年），石达开被激率部出走天京。

　　在这场天京事变中，东王杨秀清、北王韦昌辉先后被杀，翼王石达开出走败亡，严重削弱了太平天国的领导和军事力量。事变以后，太平天国内人心涣散，军事形势逆转，清军陆续在各战场得胜，太平天国的控制区大为缩小。

　　天京事变后，太平天国由盛转衰，清军遂加紧了对于太平军的攻势，在石达开的部署下，太平军稳守要隘，伺机反攻，陈玉成、李秀成、杨辅清、石镇吉等后起之秀开始走上一线，独当一面，天京变乱以来造成的被动局面逐渐得到扭转。洪秀全也开始重新建立全新的领导核心。

　　咸丰八年（1858年），洪秀全恢复前期五军主将制，陈玉成和李秀成分别担任了前军主将和后军主将。同年8月，陈玉成、李秀成约集太平军各地守将在安徽枞阳会合，在多方通力合作和奋力拼杀下，终于粉碎了清军合围天京的江北大营。

　　正当李秀成和陈玉成二人在战场上舍生忘死、为国建功时，洪秀全封其族弟洪仁玕为干王。洪仁玕尚无尺寸之功就受此封号，多少让人有些不服。清军看到了机会，遂向李秀成写了一封信，劝他投降清政府。然而，这封信却最终落到了洪秀全的手中，洪秀全大惊之下，遂将李秀成的母妻押当，而且不让李秀成返回天京。此时，李秀成依然在浦口与敌军生死力战，作战骁勇，忠贞不渝，洪秀全逐渐解除了疑虑，并亲书"万古忠义"四字送给李秀成，敕封其为忠王。

　　不久，清军卷土重来，以江南大营为根据地，全力进攻太平军。李秀成遂奉命率精兵从浦口出发奇袭杭州。在李秀成浑然天成的指挥下，太平军很快攻克杭州，更引得江南大营统帅和春前往救援。如此引蛇出洞，江南大营瓦解。此后，李秀成开始全力进攻苏州和常州地区，而湘军则趁机围攻安庆。安庆是仅次于天京的政治、军事中心，其得失对于太平天国成败举足轻重。于是，洪秀全让陈玉成所部从长江北岸进攻武昌，而李秀成的军队则从南岸进攻，清军惊恐万状。

很快，李秀成便攻下了武昌县，另一边的陈玉成却在集贤关等处作战失利。此前李秀成便执意不肯西征，只是碍于洪秀全的权威被迫如此，得知了这个消息后，李秀成立马带领大军撤出了湖北，双方大军会师的计划就此落空，更为严重的是，安庆的局势更加危急。洪仁玕遂写信，其"弃而不顾，徒以苏杭繁华之地，一经挫折，必不能久远"。果然不出洪仁玕所料，尽管天京方面付出了巨大的努力，最终还是难免安庆陷落。

安庆失陷后，陈玉成率部镇守庐州，"请命自守"，同时打算分兵扫北，"由汴梁直取燕京，共归一统"。然而此时，陈玉成的处境也极为不妙，一方面，洪秀全对其做了革职处分；另一方面，清军多隆阿部加紧进攻。后来，陈玉成抛弃庐州北去，到达早就暗投清政府的苗沛霖所在的寿州。

《被掳纪略》记载道：苗将英王陈玉成上来。英王上去，左右叫跪。陈玉成大义凛然道："尔胜小孩，在妖朝第一误国庸臣。本总裁在天朝是开国元勋，本总裁三洗湖北，九下江南，尔见仗即跑。在白云山踏尔二十五营，全军覆灭，尔带十余匹马抱头而窜，我叫饶你一条性命。我怎配跪你？好不自重的物件！"面对敌人的威逼利诱，陈玉成不为所动："大丈夫死则死耳，何饶舌也！"同治元年（1862年）6月4日，陈玉成于河南延津就义，时年25岁。

另一边，李秀成在进攻上海之时，重创了英法干涉军和洋枪队，不久之后又破清营30余座，收复嘉兴，并在浙江慈溪一战中打死"常胜军"头子华尔。此时，局势渐渐不利于太平军，随着陈玉成的身死，太平军士气受挫，中外联合，将太平军的根据地打得越来越小。

此后，清军围困天京，李秀成多次尝试救援未果，只能向洪秀全建议："京城不能守，曾帅兵困甚严，濠深垒固，内少粮草，外救不来，让城别走。不如舍天京，尽弃苏浙两省地，御驾亲征，直趋北方，据齐、豫、秦、晋上游之势以控东南。其地为妖兵水师所不能至,洋鬼势力所不能及,然后中原可图,天下可定也。"不过,他的建议遭到了洪秀全的拒绝。

同治三年(1864年)6月1日,洪秀全久病不治而死,天京城很快陷落,李秀成也在天京城外东南的方山被清军擒获。太平天国运动就此一蹶不振。

第三章

签到手软的各色条约

中国商船,一个入侵的借口

鸦片战争之后,清政府分别同英国、法国、美国签订了不平等条约。英国人自从17世纪开始就在全球范围内殖民,对于如何软硬兼施巧取豪夺颇有心得——对国际法一无所知的清政府怎么能是英国人的对手呢?利用这一点,英国人在《五口通商附粘善后条款》——也就是通称的《虎门条约》中添加了这样一条规章制度:"将来大皇帝有新恩施及各国,亦应准英人一体均沾,用示平允。"仍然沉睡在天朝上国的迷梦中的清政府并没有意识到,在朝贡话语的背后,其实是不平等的掠夺,这就是所谓的"片面最惠国待遇";很快,美国人和法国人都利用这一条款获得了原本在《黄埔条约》和《望厦条约》中没有获得的各种权利。

美国紧随英国的脚步不甘示弱。《望厦条约》中签订了这样一条特殊的条款:"合约一经议定,两国各宜遵守,不得轻有更改,至各口情形不一,所有贸易及海面各款恐不无稍有变通之处,应十二年后,两国派员公平酌办。"由于片面最惠国待遇"一体均沾",英国、法国均自动获得了这一修约的好处。于是,第一次鸦片战争刚结束的时候,第二次鸦片战争的导火索其实就已经点燃了。

清政府并不是不知道这一潜在的危险。早在咸丰三年(1853年),接任徐广缙任两广总督的叶名琛就提醒咸丰帝,英国人可能会提出修约的要求,然而当时的清政府正深陷于太平天国战争的泥淖中,焦头烂额,根本无暇顾及。咸丰四年,英国和美国同时更换公使。叶名琛自然明白这可能是两国要求修约的前奏,咸丰帝也嘱咐叶名琛"不动声色,加以防范,随机应变,以绝其诡诈之谋"。

叶名琛当初在广州的反入城斗争中就站在徐广缙一边,力劝道光皇帝强硬对待英国人。他是和徐广缙都属于强硬派,怎么可能妥善处理洋人的要求呢?叶名琛对待英国与美国的招数只有一招:概不接见这些外国公使。无论对手如何要求谈判,叶名琛只是打发人传一句话:"叶总督并未奉有谕旨办理变通事宜。"

在叶名琛那里碰了钉子的三国公使无可奈何,只得跑到上海,和两江总督、江苏巡抚见面,企图在这里找到突破口。因为两江地区的高级官员和叶名琛政治立场不同,反而和耆英比较接近,主张对洋人怀柔,因此三国公使的话对他们比较有说服力和威慑力。三国公使威胁道,如果在上海也无法解决问题,他们就自己进京谈判。

对于清政府来讲,洋人让其最为头疼的一点就是他们永远也不能按照"礼"来规范和约束自己的行为,而失礼的行为往往又带有威胁清政府统治的意味。三国公使要求自行进京的要求恰恰就属于这个范畴。果然,两江官员动摇了,江苏巡抚吉尔杭阿建议咸丰帝接受修约的要求。可是这个时候,叶名琛的奏折也到达了北京。他听说洋人北上,便主动向咸丰帝建议,不要理睬洋人的讹诈,将他们遣返回广州,并声称他自有"羁縻"的妙计。自道光二十八年(1848年)的广州反入城斗争取得"胜利"以来,咸丰帝根本不相信受挫的洋人还能掀起什么波澜,因此他两相比较,还是决定相信叶名琛,驳斥了吉尔杭阿的奏折。

要求未被满足的三国公使决定履行前言。咸丰四年八月，英国公使包令与美国公使麦莲乘坐军舰抵达天津大沽口，法国军舰由于正在修理未能同行。这一招果然让清廷大惊失色，咸丰只好派出桂良赴天津阻拦，包令和麦莲趁势各自提出十八条和十一条方案，要求订立新约。可是这时候咸丰帝一见英国人和美国人没有用武力强行通过大沽口，胆子又大了起来，一口回绝了包令和麦莲，并告诉他们，大部分条件都不能接受，至于可以商量的小部分条件，也要回到广东去谈。

此时，美英两国都没有做好战争的准备，包令和麦莲只好乖乖地返回了上海和广东。

至此，英国人和法国人已经不再寄希望于通过外交手段进行修约，而美国人还没有放弃。咸丰六年（1856年），美国公使换成了巴驾，这位巴驾原来是个传教士，后来担任了外交官，算得上一个中国通。他想凭一己之力说服清廷修约。为此他讨要了一份美国总统的国书，先后同两广总督、闽浙总督、两江总督接触，想通过这些高级官员面见皇帝，但是咸丰帝对巴驾的数次要求都予以拒绝，甚至将总统的国书都退给了巴驾。巴驾虽然深感恼火，但也没有更好的办法，只好返回广州。

经过两次修约风波，英美法三国公使算是统一了口径，对于清政府，除了用武力让其屈服，没有更好的办法了。

《天津条约》的签订

咸丰八年（1858年）正月，英、法、美三国驻上海领事向清政府递交照会，并重申他们修约的要求，并要求清政府派钦差大臣前往上海谈判。二月，英、法、美、俄四国使节到达上海，当他们得知清政府拒绝在上海谈判，并命令他们回广东谈判的消息后，决定北上，直接与清廷交涉。三月初，四国使节先后到达天津海河口外。十一日，四国使节要求清廷6日内派大员前往大沽谈判，否则将会采取必要手段。

咸丰帝此时极不愿开战,认为"现在中原未靖,又行海运,一经骚动,诸多掣肘,不得不思柔远之方,为羁縻之计"。他派直隶总督谭廷襄出面与各国谈判,并命令他尽量瓦解四国的联合,对俄表示和好,对美设法羁縻,对法进行劝导,对英严词诘问,先孤立英国,然后由俄、美出面说合。谭廷襄奉旨行事,结果处处失败。英、法两国专使或者以照会格式不对的名义,拒绝接受,或者因为谭廷襄没有"钦差全权"的头衔,不同他会晤。谭廷襄所能打交道的,只有以"伪善"面目出现的美、俄公使。6天过去了,期限也到了,由于额尔金与英海军司令西马縻各厘的矛盾,英军兵力尚未集结,尤其是能在海河内行驶的浅水炮艇不足,英法联军推迟了进攻。

此后的交涉中,咸丰帝对四国的要求一概拒绝,只同意可酌减关税,但又不准谭廷襄同四国决裂开战。这一决策难倒了承办官员。由于英、法专使始终拒绝会晤,谭廷襄等人只能求俄、美从中说合,而俄、美又提出了谭廷襄不敢答应、咸丰帝也不会答应的要求。谭在交涉中看出俄、美与英、法沆瀣一气,认为俄、美"外托恭顺之名,内挟要求之术",假借说合之名,"非真能抑其强而为我说合"。于是,在此一筹莫展之际,他提出全国规模的"制敌之策":上海、宁波、福州、厦门等通商口岸,定期闭关,停止贸易;两广总督尽快想法收复广州,使英、法等国有所顾忌受到威慑;然后由他出面"开导",使各国适可而止,及时撤兵。咸丰帝则认为,"此时海运在途,激之生变",黄宗汉还没有到任,柏贵已被挟制,"若虚张声势"克复广州,被英法等国"窥破",只能使形势更加恶劣。因此,他仍让谭廷襄对四国的要求进行驳斥,并布置了驳斥的理由。而对于谭廷襄自以为大沽军备完整、不惜一战的思想,则警告说:"切不可因兵勇足恃,先启兵端。"这样,退兵的办法,仅剩下谭廷襄的两张嘴皮子。但英、法专使又不见谭廷襄,谭廷襄即便浑身是嘴也无处说去。

四月初六,英、法专使及其海陆军司令商量后,决定以武力攻占大沽，前往天津。初八，英、法专使要求，其可以在海河内行驶船只，限清军两小时内交出大沽。大沽位于海河出海口，是京、津的门户，战略地位极为重要。该处设有炮台4座。英法联军占领广州后，咸丰帝听说英、法等国即将北上，遂下令加强该处的防守，派援军6000余人。此时大沽一带共有清军约万名，其中驻守炮台3000余名，其余驻扎炮台后路各村镇，作为增援部队。当英、法的无理要求被拒绝后，英法联军遂以炮艇12艘、登陆部队约1200人进攻大沽南北炮台。经过两个多小时的激战，守军不敌而败，驻守炮台后路的清军更是闻炮即逃。十四日，英法联军未遇抵抗，占领天津。十八日，四国使节要求清政府派出"全权便宜行事"大臣，前往天津谈判，否则将进军北京。

　　大沽炮台的失陷，极大地震动了清王朝。上一次战争因为已是很久之前之事，他们也只剩下一些模糊的记忆，未想到精心设防号称北方海口最强大的大沽，竟会如此轻易地落入敌手。战前对防卫颇具自信的谭廷襄，言词大变，称"统观事务，细察夷情，有不能战，不易守，而不得不抚者"，要求咸丰帝议和。大沽、天津不同于广州，距北京近在百里，感到皇位基座微微颤动的咸丰帝，于二十日派出大学士桂良、吏部尚书花沙纳为"便宜行事"大臣，前往天津，与各国谈判。第二天，他又根据惠亲王等人的保奏，起用曾在登基之初被降为五品员外郎的耆英，以侍郎衔赴天津办理交涉。他想利用耆英当年与英国等国的交情，在谈判中能得到点便宜。

　　二十一日，桂良、花沙纳到达天津，先后会晤四国使节。英、法、美态度强硬，俄国使节却声称若同意应允俄国的条件，他们可以替清廷向英、法说合。对咸丰帝寄予厚望的耆英却遭到英、法专使的拒绝，只派出两名译员接见。自从英法联军攻陷广州之后，劫掠了两广总督衙署的档案，对耆英当年阳为柔顺、实欲箝制的底细了解得一清二楚。当耆英与英、法译员会面时，英国译员手里拿着档案，对着耆英讥笑怒骂，大肆凌辱。耆英此时已年近七旬，政坛上被冷落了8年，本来对于这次复出喜出望外，自以为凭自己当年与英、法等国的老交情，必定能有所收获，自己也可以东山再起。可没想到受到这等羞辱，不堪忍受，两天后便从天津返回北京。桂良、花沙纳没有兵权，面对英、法的嚣张气焰，忍气吞声，只能开展"磨难"功夫。他们多次请求态度相对温顺的俄、美出面说合。俄、美乘机借调停之名而最先获利。五月初三《中俄天津条约》签订。初八《中美天津条约》签订。

清政府与俄、美签订条约之后，原以为俄、美"受恩深重"，理应知恩图报，帮助清政府说合。但是俄、美只是表面上敷衍清政府，实际上希望英、法勒索越多越好，那么他们就可以凭借最惠国条款"均沾"利益。十二日，英方发出照会，声称如果清廷仍不作出决定，英军就要进军北京。十五日，英方提交和约草案五十六款，"非特无可商量，即一定字亦不容更易"。咸丰皇帝听到这个消息，准备再次开战，而桂良等人知道开战必败，于是在五月十六日，与英方签订了《中英天津条约》，又在第二天与法方签订了《中法天津条约》。条约签订之后，桂良才上奏咸丰帝，极力陈述不可再次开战的原因，"只好姑为应允，催其速退兵船，以安人心，以全大局"。炮口下的谈判，结果肯定是这样的。咸丰帝非常恼火，只能把气撒在替罪羊身上。十九日，他命令耆英自尽，罪名是"擅自回京"。

条约签订之后，侵略者要求照《中英南京条约》的例子，由皇帝朱批"依议"后才肯撤兵。二十三日，咸丰帝批准中英、中法《天津条约》。二十八日，英法联军撤离天津，到六月初七，退出大沽口外。

可惜了那园子

咸丰十年（1860年）10月18日夜里，一向静谧的北京西郊却颇不平静。圆明园一带火光冲天，烈焰飞腾。在火光的照耀下，影影绰绰看到无数太监宫女东奔西走，试图躲避灾祸。然而他们的努力却是徒劳的，千余名英法联军的士兵一边四处纵火，一边将侥幸逃脱的太监宫女推到熊熊燃烧的火焰中。大火足足燃烧了两天两夜。当笼罩在圆明园上空的滚滚浓烟逐渐散去，只剩下余火在废墟上毕毕剥剥地发出微响时，住在附近的老百姓才敢悄悄从家中出来一探究竟。他们惊讶地发现，昔日戒备森严的皇家禁地，已经是墙倒屋塌，宛如人间地狱一般。

火烧圆明园，这在中国乃至世界历史上永远都是耻辱的一笔。

圆明园所在的海淀一带，是个水泊密布、草木繁盛的地方。元明时期，已经有人在此修建园林寺庙，此地被称为"丹菱沜"。到清代康熙年间，康熙帝在此修建了畅春园，并将周围一些旧有园林加以修葺，分封给诸皇子。分封到皇四子胤禛名下的是一片称为"镂月开云"的园林，由于胤禛笃信佛教，自号"圆明居士"，因此将这片园林改名为"圆明园"。雍正即位之后，圆明园也随之扩建为皇家园林，从雍正三年（1725年）起逐年都有修葺。

圆明园的全面扩建是在乾隆时期。乾隆对圆明园喜爱有加。由于乾隆曾经先后六下江南，对当地园林建筑留下深刻印象，因此他意欲将江南风光全面移植到圆明园中。他一方面委托外国传教士郎世宁、蒋友仁等人制图设计，另一方面又召集能工巧匠进京施工，并亲自主持扩建工程。整个工程历时30余年，到乾隆三十五年（1770年）方才全面告一段落。由于外国传教士的参与和中国工匠的巧夺天工，圆明园可以说博采众长，运用了古今各种造园技巧，融会了中外各种园林风格。当时的外国传教士参观圆明园后将其称为"万园之园"。

嘉庆年间，对圆明园又进行了一定程度上的扩建，将其附近的长春、绮春两处附属园林并入其中，三处园林以圆明园为主，其余二处为辅，各自独立而又相互连通，形成了园中有园的别致景观。因此又统称为"圆明三园"。经过清王朝几代皇帝先后长达150余年，耗去白银两亿两之巨的苦心经营，到咸丰年间，圆明园已经是一片规模宏大、空前绝后的园林建筑。

然而，就是这么一座美轮美奂的皇家园林，却在第二次鸦片战争中遭到了残酷的践踏。

咸丰十年（1860年）9月，再次来袭的英法联军已经逼近了北京城。迫不得已的咸丰帝只得派出怡亲王载垣等人赴八里桥与联军代表谈判。在八里桥谈判之际，清廷居然自作聪明地将联军代表一行39人扣押并监禁起来，企图以此要挟英法联军退兵。

清政府在大敌当头之际，不去考虑如何组织兵力作战，反而想出此等下下之策，殊不知此等做法不仅无助于联军退兵，反而给予对方继续进攻的口实。

果然，见到谈判失败，巴夏礼等人又被清廷扣押，英法联军决定继续进兵。在遭遇了几次毫无威胁的抵抗后，英法联军于10月初兵临北京城下。

此时的咸丰帝已逃往热河行宫，留在北京城负责善后的是恭亲王奕䜣。由于联军由东面而来，奕䜣重兵布防于东城一带，企图抵挡。然而，这一军事情报却被俄国公使伊戈那提耶夫获取，他建议英法联军避实击虚，绕行攻击西北城郊。联军依计而行，于10月6日直扑圆明园而来。此时，虽有僧格林沁、瑞麟等清军余部出城抵抗，但大势已去，联军于当日傍晚几乎不费吹灰之力就抵达了圆明园门外。

此时的清廷防守北京城犹嫌自顾不暇，根本没有余力顾及圆明园，因此圆明园几乎是不设防状态。面对着汹涌如潮水袭来的英法联军，只有20余名圆明园技勇太监进行了微弱而坚决的抵抗，然而很快就以身殉国了。

联军一拥而入，攻占了圆明园，管园大臣文丰涕泗横流，投福海而死。进入圆明园的联军被园中的富丽堂皇惊呆了。由于担心可能会对接下来与中方的交涉造成不利的影响，他们一开始还勉强压抑着心中的贪欲，命令士兵不得抢劫财物；然而很快他们就控制不住在战争中业已混乱的本性。第二天，英法联军的上层军官便开会讨论如何分配园中的财产，并很快动手实行。可是，计划中的搬运很快就变成了毫无章法的抢劫，冲昏了头脑的士兵纷纷成群结伙地开始抢掠财物和艺术品，后来军官也参与其中。

然而，更糟糕的事情还在后面：在抢劫的过程中，联军士兵发现了之前被清廷扣押的 39 名联军人质，已经有 26 人死去。已经抢劫抢到头脑充血的联军勃然大怒，英军指挥官额尔金伯爵决心给予清政府以无法挽回的损失作为报复。于是，在 10 月 16 日，本已抢劫得心满意足的英军又返回圆明园，肆意纵火，将圆明园化作一片灰烬。

圆明园的大火击倒了清廷，恭亲王奕䜣被迫答应了英法联军的所有要求，签订了《北京条约》，而咸丰也因受打击过大，于第二年驾崩了。

第四章

清末"女皇"慈禧

牝鸡司晨

中国古语有云"母以子贵"，特别是在皇宫内院，为皇帝生育子女，保证龙脉的延续，是皇帝最为关心的事情。这件事儿对于咸丰而言，意义更为重大。因为直到 24 岁时，咸丰膝下尚无子女。那一年，丽贵人的怀孕曾经让咸丰激动不已，立刻将丽贵人进位为丽嫔，可惜丽嫔只生下了一个女孩儿。

兰贵人在进位为懿嫔之后，自然希望给咸丰帝生一个儿子，让自己更进一步。懿嫔于咸丰五年（1855 年）六月被确诊怀孕。咸丰六年（1856 年）三月，懿嫔分娩，产下咸丰皇帝的长子，就是后来的同治皇帝——载淳。

兴奋不已的咸丰帝非常疼爱这个孩子，将他的出生看作对大清帝国列祖列宗最好的告慰，御笔亲书写下了这样的诗句："庶慰在天六年望，更钦率土万斯人。"咸丰给予了懿嫔以足够的奖赏和荣宠，不仅赏赐懿嫔的娘家人房屋宅院，还立刻将懿嫔进位为妃，第二年又晋升为懿贵妃。此时的后宫，除了高高在上的皇后钮祜禄氏，懿贵妃已经将与她同时入宫的秀女远远地甩在身后，没有人能够挑战她的权威了。

已经成为懿贵妃的杏贞并不满足于这样的地位，她还梦想着有一天被封为皇后。为此，她需要比别的嫔妃更加熟悉咸丰的好恶，在不动声色中迎合咸丰。与宫中其他嫔妃相比，懿贵妃有一条独一无二的长处，那就是她读书较多，特别是能够读写汉文。与大多数嫔妃闲来无事不同，懿贵妃始终保持着学习的热情。据清人笔记记载，早在她初入宫闱，还是兰贵人的时候，就曾经不惮暑热，用功读书，从而吸引了咸丰帝的注意。此外，她为了消遣，还学习过一段时间的书法绘画，无论是花鸟鱼虫，还是颜柳欧赵，都能略通一二。

懿贵妃在这方面的特长引起了咸丰帝的兴趣——这倒不是说咸丰帝像宋徽宗一样是个能书擅画的风雅之君，而是他发现有一定文化的懿贵妃可以帮助生性疏懒的他处理政务。前面已经说过，咸丰才学平平，并不是一个有为之君。他登上皇位时，大清帝国正在内忧外患中风雨飘摇之中，这要求他不得不把更多的精力放在处理政务上，每天都需要批阅大量的奏章和密折。时间一长，咸丰帝受不了了。这个时候，他想起了懿贵妃。既然懿贵妃能书会画，又看得懂汉文，那自然也可以帮助自己批复奏折。

最初的时候，咸丰只是拿出一些请安折子、事务报告等不甚重要或者例行公事的折本，让懿贵妃按惯例批复"知道了""转各部知道"等。这样一来，咸丰的处事效率果然提高了不少。尝到了甜头的咸丰进而变本加厉，逐渐开始拿一些军机处送来的重要折子，甚至是机密折子给懿贵妃批阅。这些奏折本应由咸丰亲自批复，但他懒得动笔，只是自己看一遍，再口拟谕旨，由懿贵妃誊写清楚。

按照清朝祖训，后妃与宦官不得干政。为了彻底落实这一禁令，康熙时期还将其制成铁牌竖立在宫门外，以儆效尤。应该说，懿贵妃的举动，早已是赤裸裸的干政之举。可是，从咸丰看来，这并没有什么不妥之处。懿贵妃只是作为一名誊写员，帮助他减轻负担，而军国大事最后的决策权还是在他的手里，只要他心中有数，调度有方，就不会出现后宫干政、牝鸡司晨的状况。

对于懿贵妃来讲，情况却有所不同，原本她只是个深居宫中的妇道人家，虽然粗通文墨，却对政务军务一无所知。通过批复奏折文书，又有咸丰的讲解和示范，她"时时披览各省章奏，通晓大事"，逐渐明白了一些为君之道。

也许，一开始她只是以此来表示对咸丰的关心，利用其自身得天独厚的条件为丈夫分忧解难，从而巩固在宫中的地位。但是，尝过了"一朝权在手，便把令来行"的滋味以后，她的野心逐渐膨胀起来。天长日久，连咸丰都没有发觉，懿贵妃早已非当日吴下阿蒙，渐渐从一个弱女子变成了对权力怀有热切渴望的野心家。

到咸丰朝后期，懿贵妃已经成为咸丰须臾也离不得的人。此时已经不是因为懿贵妃的美貌或是才艺，而是她已经能够时时为咸丰出谋划策，分担他对政务的忧愁和苦恼。在太平天国步步紧逼，清廷一筹莫展之时，她曾经劝说咸丰帝在此非常时刻应抛开满汉分际，重用曾国藩、胡林翼等一班汉臣，赋予他们更大的权力。咸丰帝听从了她的建议，日后这一班人不负咸丰的期待，在覆灭太平天国的战争中发挥了决定性的作用。

在第二次鸦片战争的紧要关口，她的冷静与魄力都表现得淋漓尽致。

根据清人的记载，当英法联军连战连捷，攻占天津时，咸丰帝正在圆明园内与一众妃嫔饮酒作乐。闻听这个噩耗，咸丰竟然手足无措，当着妃嫔的面痛哭流涕，丑态百出。见到皇帝如此，几乎所有的妃嫔也顿时哭作一团，一时后宫内哭声震天，乌烟瘴气。只有懿贵妃面色如常，款款走近咸丰皇帝，冷静地建议咸丰皇帝：事已至此，痛哭又有何用？当今之策，应该速想应对之策才是。恭亲王奕訢聪明决断，又熟悉外情，陛下可以宣他进殿讨论该如何是好。

之后，当咸丰在肃顺的怂恿下决定"北狩"逃离北京的时候，她又公开提出反对意见。她认为，如果咸丰在京，众位大臣就有主心骨，办事会更加尽心尽力，而洋人也不敢肆意妄为；如果落荒而逃，不仅对士气是个严重的打击，更会让洋人乃至天下老百姓对朝廷生出轻视之心，后患无穷。

不能不说，在此生死攸关的时刻，懿贵妃的沉着机智都让她做出了在事后看来是正确的选择。然而懿贵妃的举动也已经引起朝中重臣颇为不满，以肃顺、载垣、端华为首的守旧派大臣，绝对不能容忍朝堂之上出现和自己意见相左的声音，更何况这声音还是一个年轻女人所发出的。大臣们的戒惧也引起了咸丰的警惕，在他生命的最后时刻，似乎也意识到了如果没有自己的压制和管束，将来靠着儿子登上皇太后之位的懿贵妃将会一发而不可收，于是他把压制懿贵妃的重担交给了皇后。

根据野史记载，咸丰在病危时，曾有密诏授予皇后，告诉皇后如果懿贵妃后来肆意妄为，横行不法，可以出示此诏，以祖宗家法治之。咸丰帝的担心不是没有道理，可惜他选错了对象——自幼生长在富贵之家、两耳不闻窗外事的皇后怎么能是野心勃勃的懿贵妃的对手？咸丰一驾崩，毫无宫廷斗争经验的皇后就把这封遗诏给懿贵妃过目。虽然这使懿贵妃暂时安静了一段时间，但也因此对咸丰乃至皇后生出的恨意，终于让皇后付出了代价。

咸丰十一年（1861年）七月，咸丰在热河驾崩，皇后顺理成章晋升为慈安皇太后，而懿贵妃则因为儿子载淳即位，凭借皇帝生母的身份晋升为慈禧皇太后。这一年，她27岁。大清帝国的权力，马上就要掌握在她的手中。

暗箱操作清末政治

咸丰十一年（1861年）十一月初一，刚刚正式举行登基典礼一个多月的小皇帝同治按惯例要在养心殿接见群臣处理公务。时辰未到，文武百官早已在乾清门外等候了，和往常三三两两聊天嬉笑的轻松气氛不同，这一日群臣都面无表情，不敢随意说话，毕竟刚刚经历了一场惊心动魄的宫廷政变，惊魂未定的群臣还都没有从中回过神来。

然而，当他们进得养心殿来，眼前的情景却让他们更加大吃一惊：只见养心殿东暖阁内正中央的须弥宝座上，端端正正坐着同治小皇帝，不明所以地眨着眼睛望着鱼贯而入的群臣。小皇帝的两边，分别站着两位盛装朝服的年轻王爷，正是恭亲王奕訢和醇亲王奕𫍯，二人神情肃穆，不怒自威。与平常最大不同的是，须弥宝座之后，原本空空如也的地方，如今竖着一道明黄色的屏风，影影绰绰可以看到后面有两人端坐的身影。群臣慌不迭下跪叩首，把头低得不能再低。因为他们心中都清楚，坐在小皇帝后面的两人，正是当今皇上的两位母亲，圣母皇太后慈安和生母皇太后慈禧。

也就是从这一天开始，大清国进入了两宫皇太后"垂帘听政"的历史阶段。曾经的兰贵人、懿贵妃，现在的慈禧皇太后，终于如愿以偿地掌握了大清帝国的最高权力。

咸丰帝病重时，并没有"垂帘听政"的想法，而是指定了"顾命八大臣"辅佐年幼的小皇帝；然而由于咸丰帝想要在外廷和内宫之间保持平衡，也授予了两宫皇太后一定的权力。可是，早已热衷于权力的慈禧并不甘于受制于人，于是，在与受到咸丰冷落、被排挤出权力中心的恭亲王奕訢密谈后，决定发动政变，实行"垂帘听政"的政治体制。

早在朝廷尚未返回北京之时，关于"垂帘听政"的争论就已经爆发。在慈禧的授意之下，御史董元醇就上奏折，恭请两宫太后垂帘听政，并拣选亲王辅佐朝政。然而，大权在握的八大臣坚决反对这一提议，甚至与两宫皇太后发生了激烈的争吵。史载，八大臣"哓哓置辩，已无人臣礼"，甚至"声震殿陛，天子惊怖，至于涕泣，遗溺后衣"。这一状况坚定了慈禧发动政变的决心，既然谈判不能解决问题，那就只好用暴力手段了。正如前文所叙，两宫皇太后最终获得了胜利。

"垂帘听政"虽由两宫太后共同主持，但由于慈安并无政治野心，因此只是例行公事，徒具形式而已，真正的实权掌握在慈禧手中。虽然早在咸丰时，慈禧就参与奏折的批复，对军国大事有所了解，但真正自己亲力亲为，未免还是有力不从心之感。好在慈禧颇为注重学习，她请南书房、上书房师傅翁同龢等人，定期进宫讲课，学习古往今来的治国安邦之策，又命人编纂《治平宝鉴》，时时阅读，增长见识。如此刻苦用功，慈禧进步很快，逐渐已经能独立批阅奏章了。

慈禧执政伊始，就亲自接见了曾国藩，随后命曾国藩为两江总督，并统领江苏、浙江、安徽、江西四省军务，四省的巡抚、提镇以下官员全部归他节制。兴奋的曾国藩甚至写信告诉朋友：这真是开国以来没有过的恩宠。在曾国藩的保举下，整个长江流域的高级官员几乎全换成了汉族人。如江忠义为贵州巡抚、毛鸿宾为湖南巡抚、严树森为湖北巡抚、李续宜为安徽巡抚、郑元善为河南巡抚、刘长佑为广西巡抚、李鸿章为江苏巡抚、沈葆桢为江西巡抚、左宗棠为浙江巡抚。

慈禧的用人之道获得了成功，这一班以文人出世却在战场上立下赫赫战功的大臣，不仅陆续击败了太平天国和捻军，更在东南各地掀起了一股自强求富之风，号称"中兴名臣"。

两次鸦片战争的全面惨败，促使清政府的官僚发生了分化。一部分官僚开始反思曾经的天朝上国和现在的西方列强之间的差距，并认为应该系统地学习西方的先进科学技术，主张"师夷长技以自强"；而另一部分官僚则坚决反对进行任何的改变，认为天朝上国的体制万世不可变更。双方从朝中到地方都发生了激烈的争执。

在这场争论中，慈禧无疑是站在洋务派一边的，这倒不仅仅是因为洋务派在中央的首领是恭亲王奕䜣的缘故。慈禧经历了咸丰朝的"衰世"局面，深深地认识到清政府的当务之急是找出解决内忧外患的具体方略。无论是洋务派还是守旧派，其根本出发点并无二致，都是为了挽救风雨飘摇之中的清政府。但相比起守旧派官僚坐而论道，空谈理学，却拿不出任何具体措施；洋务派官僚"中学为体，西学为用"的施政纲领无疑更有可操作性。因此，慈禧太后坚定地站在了洋务派官僚一边，支持洋务运动的开展。

在洋务派官僚的努力下，东南沿海地区兴建了一批以制造局、招商局、船政局为代表的近代工业，并且在京师兴建同文馆，在上海广州建立方言馆，还选送派遣了一批幼童赴美留学。这些措施揭开了中国现代化的艰难进程，为中国现代化奠定了基础。

当然，守旧派官僚对洋务派的这些举措进行了强烈的攻击。以倭仁为首的官员连番上折，反对建立同文馆和总理各国事务衙门等机构。慈禧对这些奏折进行了坚决的回击。例如慈禧曾经命倭仁在总理各国事务衙门行走，又叫倭仁保举通晓西洋之事的儒学人才，这些要求无疑是在为难倭仁，最终倭仁只得服软求饶。在慈禧的强硬坚持下，洋务运动最终没有被守旧派的阻挠所破坏，取得了令人瞩目的成就。

不过，慈禧主持下的同治中兴虽然取得了一定的成功，但其局限性也很明显。慈禧终究是封建帝王家的大家长，所有改革措施都是为了清廷统治的延续和稳定，在这个大前提下，一切改革都可以进行，但如果认为有某项措施有可能威胁到这一前提，她就会毫不犹豫地加以终止。

第五章

洋务运动：未富未强先破产

洋务运动的兴起

自外国资本主义在两次鸦片战争以后，不断加紧了经济上、政治上对清政府的控制，致使清朝统治机构的半殖民地化程度日渐加深。后来，清朝统治集团内部逐渐有一些官僚开始与洋人、洋事务打交道。

这些与洋务关系密切的人，逐渐形成了一个派别，而且比较有权有势，被称为洋务派。所谓"洋务"，当时也被称作"夷务"，是指一切同外国资本主义有关的事物。只要是办理过与洋人有关事务的人，均被称为洋务派。在清朝中央以总理衙门大臣奕䜣、侍郎文祥等人为代表，地方则以封疆大吏曾国藩、李鸿章、左宗棠、张之洞等人为代表。他们手中大权在握，可以左右清朝的政局。清政府在两次鸦片战争中的失败使他们接受了沉痛的教训，尤其是他们都曾同外国侵略者勾结起来共同镇压人民反抗，从自己的亲身经历中，他们深知西方列强"船坚炮利"。于是便积极主张多多引进西方的科学技术，仿造西方船炮枪弹，运用西式方法来训练部队等。

总之，洋务派要将他们学习西方的主张全部转化为实践，从而掀起一场有声有色、长达数十年之久的洋务运动。

兴办企业

从19世纪60年代开始，洋务派以"自强"为口号，依照西方资本主义国家的方法来研制新式枪炮和船舰，兴办了一批军事工业企业。其中规模较大的军工厂主要有：

江南制造总局。同治四年（1865年），在曾国藩支持下由李鸿章在上海建立。总局购买了美国旗记机器铁厂和苏州制炮局的部分机器，同时又委派容闳从美国购进一部分机器，综合构成该局的生产设备。创办经费为54万余两白银，以后又投入很多经费。拥有工人2000余人，在洋务派创办的军工企业中，规模最大。主要是生产枪炮、弹药、水雷和小型船舰。该局还附设译书馆，翻译西文书籍。

金陵机器局。同治四年（1865年），李鸿章署理两江总督时，把他在苏州创办的洋炮局迁到南京并加以改造扩建而成。主要生产枪支、火炮，为淮系军阀供应军火。

福州船政局。同治五年（1866年），左宗棠在福州闽江马尾山下设立该局，也称马尾造船厂。该局以47万两白银起家，是洋务派创办的规模最大、设备最齐全的轮船修造厂。该厂还附设船政学堂，专门教授英语、法语、算法和画法，为驾驶轮船和造船培养专门人才。该局系南洋水师的基地。

天津机器局。这是同治六年（1867年），崇厚在天津筹建的，英国人密妥士任总管，从国外购买机器，制造火药。虽耗资巨大但成效不佳，同治九年（1870年）李鸿章调任直隶总督时接管了该厂，招募洋匠，添置设备，扩大规模，使该局有了一些起色。随后又扩大规模，分为东、西两局。东局设在天津城外东南方的贾家沽，西局设在天津城南海光寺。主要生产弹药、水雷、炮架、洋枪等。

19世纪70年代以后，洋务运动的重点转向兴办民用工业企业，但军事工业的扩展丝毫未放松，许多省份相继兴办了小型军工企业。此外，张之洞于光绪十七年（1891年），在汉阳创办了湖北枪炮厂，这是洋务运动后期兴办的最大的军火工厂。

上述军工企业性质都属于官办，严格地控制在清政府和湘、淮系等军阀集团手中，绝对不允许商民插手和仿办。这些企业的性质和特点主要有以下三个方面。

其一，具有浓厚的封建性。这些企业完全采用官办的形式，由官款拨充各局、厂的创办经费和巨额的常年开支，具体讲，是由军饷中拨出一部分或从税收中支付。企业管理机构按照封建衙门组建官僚机构。工人大多来自清军士兵，各局、厂的管理制度仍采用封建军队式的，对工人"以兵法部勒"，以"武弁"统领。企业生产的产品由清廷直接调拨给军队，不在市场上出售。企业既不计算成本，不负盈亏，更没有从利润转化而来的资金积累。所以，它是官府控制、垄断下的具有浓厚封建气息的近代企业。

其二，依赖性和买办性的特色很明显。这些军工企业从设计施工、购置机器设备、生产技术，直到原料供应，没有一样不依赖外国。当然，在当时的历史条件下这些也是无法避免的，但关键在于这些企业长期都是在外国人的操纵之下。例如，李鸿章为首的淮系军阀所创办的军工企业主要操纵在英国人手中，左宗棠的湘系集团兴办的军工企业被法国人所控制。外国资本家还通过洋务派推销国内早已落后的或者淘汰的设备和器材。一些洋务派官僚在采办经营过程中乘机贪污受贿或扩充个人势力，可谓名为"自强"，实则封建军阀趁机各自扩充本派的实力。

其三，其中也包含一定的资本主义因素。这些军工企业采用了在当时的中国还算比较先进的大机器生产，集中了一批出卖劳动力的工人，形成了资本主义形式的阶级关系。企业的产品虽不面向市场，但其本身具有部分的商品属性，从某种意义上说也受价值规律的支配。所以说，这些军工企业中包含有一定的资本主义因素。

洋务派从19世纪70年代到90年代，在兴办军工企业的基础上，又打出"求富"的招牌，开始大量兴办民用工业企业。洋务派从19世纪70年代起大办民用企业主要有两个原因：首先是他们在创办军工企业的实践中遇到一些困难，比如资金奇缺、原材料供给不足和运输落后等，加上经办人员极度的挥霍浪费而使企业难以维持，使他们认识到"必先求富而后能强"。也就是说，必须通过大力发展民用工业企业来积累资金，打下雄厚的经济基础，才能辅助军工企业的发展。其次，他们想通过兴办民用企业来抑制洋商倾销洋货和列强的经济掠夺。洋务派代表人物在奏章、书信、谈话中都表示过要"稍分洋商之利""欲收已失之利还之于民"等想法。虽然洋务派在兴办民用企业的过程中各有企图，甚至还有一些表里不一的伪君子，但也不能说他们没有抑制洋商和夺回利权的意图。从他们兴办民用企业的实践来看，也的确尝试过一些抵制洋商倾销洋货的努力。

自19世纪70年代到90年代的20余年间，洋务派大约创办了20多个民用企业，涉及交通运输、采矿、纺织、冶炼等行业，规模较大的有以下几个。

上海轮船招商局。同治十一年（1872年）由李鸿章在上海创立。这是近代中国第一家轮船航运公司，也是洋务派兴办的第一个民用企业，形式为官督商办。当时，李鸿章上奏获准后，清廷拨直隶练饷局制钱22万串，折合白银13.3万两作为股本，委托沙船富商朱其昂、朱其绍兄弟在上海设局筹集商股而创办。初期仅有轮船3艘，到光绪三年（1877年）已有大小船共30艘，在各口岸设27处分局。该局在经营过程中遭英、美轮船公司的不断排挤，在极其困难的情况下，它不仅没有被挤垮，而且蓬勃发展，是民用企业中最有成就的一个。

开平矿务局。光绪四年（1878年）李鸿章在天津创设。最初由李鸿章派唐廷枢在天津计划创立开平矿务局，目的是开采唐山煤矿。原拟官办，后因清廷财政困难，改为官督商办。光绪七年（1881年）开始开采出煤，每天的产量达五百至六百吨。由于该矿设备优良，煤矿储量大，煤质好，产量逐年增加。除供应轮船招商局、天津机器局、北洋海军用煤外，还在市场上大量出售，在天津很好地抑制了洋煤进口。

上海机器织布局。这是李鸿章于光绪八年（1882年）派人收集商股在上海筹办的，是近代中国第一个机器棉纺织厂，于光绪十六年（1890年）投产。资本来源于公款和商股，股资由50万两逐渐增至100万两。从英、美两国购置了纺织机械，包括轧花、纺纱、织布一整套设备，共有3.5万枚纺锭，布机达530台。经营兴盛，利润很高。光绪十九年（1893年）由于失火而被毁灭殆尽。不久由李鸿章派盛宣怀重新建厂，更名为华盛纺织厂，性质仍是官督商办。

电报总局。光绪五年（1879年），李鸿章为了军事上的需要而在大沽炮台至天津之间试设电报，试验成功。光绪六年（1880年），李鸿章在天津设立电报局，任命盛宣怀为总办。第二年就开始铺设天津到上海的线路，年内竣工。这是中国第一条长途通信线路。同时，在紫竹林、大沽口、济宁、清江、镇江、苏州、上海等地分设七个分局。光绪八年至十年（1882~1884年），上海至南京、南京至武汉的电线相继架设完毕。光绪八年（1882年），因官款不足，电报总局又吸纳商股和民资而改为官督商办。

铁路交通运输业。光绪元年至二年（1875~1876年），英国人在上海至吴淞段修筑了铁路，全长 36 华里，从此中国便有了铁路。后因机车轧死一人，清廷要求司机偿命，并派李鸿章到上海进行谈判。愚昧的清政府出 28 万两白银购回铁路、机车，然后把机车抛入江中，铁轨、车辆被弃置在海滩，后来全部烂掉了。此后清政府内部争论了许多年铁路问题。开平矿务局于光绪六年（1880 年）修筑了唐山到胥各庄的铁路，总长 11 公里，用以运煤，这是中国近代史上自办的第一条铁路。这条铁路后来又延长到天津，又从唐山延至山海关。光绪十三年（1887 年），台湾修筑了从基隆到台北的铁路，后又把铁路延长到新竹。从此中国的铁路事业逐渐发展起来。

洋务派接着又创办了台湾基隆煤矿、黑龙江漠河金矿、兰州机器织布局、汉阳铁厂、湖北织布局等民用企业。

这些民用企业大致上分 3 种经营方式，即官办、官督商办、官商合办，但官督商办的方式占主导地位。这是因为清廷缺乏资金，不得不利用社会上现有的私人资本，以解决经费来源。而拥有货币财富的买办、商人为获取最大利润，也企图在官府的保护下更加顺利地经营企业。二者便自愿结合起来，产生了官督商办这种形式的近代企业，并且一直延续到 19 世纪 80 年代。之后官督商办的形式逐渐被官商合办所代替。官商合办也就是官、商各认股份，拥有各自的权利义务，共同经营管理企业。但是由于这种经营管理存在很多弊病，企业仍处于清政府控制之下，企业的正常发展还是遇到了很大阻碍。

民用工业企业的性质和特点主要具有以下几个方面。

其一，民用企业总体上属于资本主义性质，但仍带有明显的封建性。这些企业的资金，主要是由官僚、买办、商人以私人入股的形式筹集的。企业中雇佣了大批工人，这些工人以出卖劳动力为生，与企业的主人是资本主义的阶级关系。企业的产品大部分投放市场，经营的目的是为了最大限度地盈利。所以这种企业是具有资本主义性质的企业。但是，在洋务派官僚的控制下，这些企业在经营管理上又带有浓厚的封建性，其管理机构实为封建官府衙门的翻版。在企业中不仅由官府来决定一切，而且亏损总要由商股承担，并且官府经常向企业进行勒索，商人被迫向封建统治者"报效"。

其二，洋务派把持下的民用企业具有垄断性，压制了民族资本主义的发展。洋务派不仅对民间发展近代工业从不给予鼓励，反而处处进行阻挠，严禁民间人士自办企业，对民用企业实行封建垄断。例如，李鸿章创办上海机器织布局后，就奏准获得10年专利权，10年之内不许商人另设新厂。福建轮船招商局设立后，李鸿章也多次阻挠广东、上海等地商人创办新的轮船公司。

其三，民用企业对外国资本主义存在很大的依赖性，并且在经营管理上极为腐败。虽然民用企业与外国资本主义势力的利益存在冲突，甚至有尖锐矛盾，但它们在很大程度上依赖着外国资本主义。同军工企业一样，它们在机器设备上、技术上、资金上依赖外国，有的几乎完全由外国侵略者操纵、控制。由于企业经营管理存在很多腐败现象，因而成为官僚买办营私舞弊的场所，最终由于官吏中饱私囊，而使大多数企业亏损非常严重。

但是，洋务派兴办的民用工业企业归根到底还是中国近代史上比较先进的资本主义性质的企业，它在一定程度上推动了社会经济的发展。首先，这些新式工业企业规模较大，并开始使用大机器生产，开创了近代工业企业经营管理的新格局，奠定了中国资本主义近代工业基础。当然，这个基础比较薄弱。其次，民用企业生产的产品目的是要投放市场，这不仅扩大了资本主义商品经济的影响，而且其中一些产品还抵制了洋商洋货。最后，民用企业同军工企业一样，引进西方先进的科学技术，培养了一批工程技术人才和一批近代产业工人，积累了大量技术资料，传播了近代科技知识，对中国资本主义工业的发展起了积极的促进作用。

加强海军、倡导西学

在兴办军工、民用企业的同时，洋务派还筹建了海军，加强海防建设，设立外文学馆，派遣留学生到国外学习先进科技。

从 19 世纪 60 年代开始，列强疯狂侵略我国邻邦和边疆地区，导致边疆地区出现了普遍危机。同治十三年（1874 年），在美国的怂恿和支持下，日本出兵侵略我国台湾，东南沿海局势变得非常紧张。光绪元年（1875 年），两江总督沈葆桢、直隶总督李鸿章等人上奏请求筹建北洋、南洋和粤洋三支海军。经总理衙门核准，每年调拨海关银 400 万两来资助筹办海军，计划 10 年之内建成。光绪十年（1884 年），三洋海军已初步建成。北洋海军归北洋大臣管辖，拥有 15 艘船舰，负责防卫山东、直隶、奉天海域；南洋海军属南洋大臣统辖，拥有 17 艘船舰，负责江浙海域的安全；福建海军由福建船政大臣管辖，拥有 11 艘船舰，防卫闽粤海域。在中法战争中，经过马尾之战后，福建水师几乎全军覆没。清政府在光绪十一年（1885 年）又增设海军衙门，统理海军、海防事宜，任命醇亲王奕譞为总理海军大臣，而会办李鸿章却掌握着实权。此后，李鸿章趁机扩充由他所统领的北洋海军，任用淮系将领丁汝昌为水师提督，扩充舰只到 22 艘，成为海军中实力最强的舰队。此间，为逢迎讨好西太后，奕譞、李鸿章等人不惜挪用海军经费修建颐和园。光绪十四年（1888 年）以后，海军不再增加船舰及其他装备，军纪越发涣散，派系斗争严重，内部矛盾加剧。

洋务运动有一项重大贡献，那就是设立各种学馆，派遣留洋学生。为了培养精通外语和熟谙洋务的人才，洋务派积极筹划设立各级各类学馆、学堂。咸丰十一年（1861 年）奕譞奏请设立京师同文馆，第二年该馆正式成立，以教授外文为主，同时也开设了天文、历史和数理化等课程。此后，广州、上海等地也纷纷效仿，成立学馆。光绪六年（1880 年），李鸿章奏请设立天津水师学堂，光绪八年（1882 年）又设一分馆，定名为管轮学堂。水师学堂学生学习天文地理、几何代数、平弧三角、驾驶御风、测量演放鱼雷等项。管轮学堂学生学习算学几何、三角代数、物力汽理、机器画法、机器实艺、修造鱼雷等课程。光绪十一年（1885 年），李鸿章还在天津创办了武备学堂，专门用来轮流培训淮军及北洋各军军官，并聘请德国军官李宝等对官兵进行德国式操练，以提高各军能力。据保守统计，到光绪二十一年（1895年），洋务派共创办大约20余所外语和各类工业技术学堂。许多军工或民用企业还附设翻译馆，用来讲习、翻译外国书籍。

同治九年（1870年），在中国近代第一个留学生容闳的建议下，曾国藩奏请派遣留学生出国，清廷批准了此事。同治十一年（1872年），中国第一批学生从上海出发赴美留学。到光绪元年（1875年），共派遣120名留学生。此后赴外国留学人员还在不断增加。例如，李鸿章在筹办海防的过程中，感到船舶与驾驶人才奇缺，便于光绪二年（1876年）奏请派福州船政局附设学堂的18名学生赴法国学习制造轮船，另外派12名赴英国学习驾驶。福州船政局先后派出众多留学生，其中有许多在国外深造成才的，如严复、刘步蟾、林永生、萨镇冰等，他们后来均成为海军中的优秀教官和将领。李鸿章在筹办海防的同时，也对陆防进行了一番整顿，光绪二年（1876年）曾选拔一批年轻的中下级军官卞长胜等7人赴德国学习陆军的有关军事技术。光绪五年（1879年）学成归国，按照德国操法训练军队，大大提高了将士的军事技术。

当然，洋务派学习和利用西方先进的科学技术，兴办近代工业企业的根本目的是为了拯救和维护清朝封建统治，他们主观上并不是要触动封建主义的体制和根基，而是企图对西方近代科技进行移花接木，以使中国封建体制适应正在发生剧烈变化的国内外形势。但事实上，洋务派不仅创办了中国第一批近代工业企业，而且冲击了封建思想文化的堤坝，使其产生了一个缺口，为西学的进一步传入创造了良好条件。随着西方科技知识的传入，西方的哲学、政治思想开始影响中国。西方的社会政治学说成为批判封建主义的锐利武器，奠定了资产阶级政治运动的物质和思想基础。新的经济因素必然带来新的政治、思想、文化因素，也一定会对中国传统的经济结构、思想文化结构带来很大的冲击，所以说洋务运动产生的多重后果绝对是洋务派始料不及的。

洋务运动事实上没有，也不可能把中国改变成为西方列强那样的资本主义国家,更没有达到其"自强求富"的理想目标。当时就有人评论洋务派是"一手欲取新器,而一手仍握旧物",只"新其貌,而不新其心"。他们从未打算改变腐朽的封建社会制度,在"中学为体,西学为用"方针的指导下来进行洋务活动,其结果必然是经营管理腐败。有许多官员徇私舞弊,贪污受贿,中饱私囊,任人唯亲,冗工滥食。许多重要企业甚至成为封建军阀集团争权夺势、扩张割据势力的资本。

技术立国,学皮毛

随着洋务运动步伐的大迈进,"运动"中致命缺陷也越发显现出来——那就是如果想真正实现富国强兵的目标,单单靠培养军事人才是不行的,必须全方位地占有当前世界上全部的领先学科。当李鸿章看到洋人使用每秒30万公里传输速度的电报,而清政府还使用驿站快马加鞭的方式传递情报时,办电报学堂及掌握世界领先技术的想法与日俱增。

其实,在架设电线之前,中国已经自己开始创办电报学堂了。福州电报学堂就是中国的第一家电报学堂。1875年,丁日昌任福建巡抚后,将老百姓所拨的丹麦大北电报公司在厦门福州间和马尾擅自架设的电线杆和电线"买回拆毁,仍将电线留存,延请洋人教习学生"。这就是福州电报学堂。大北公司的工程师成为学堂里的洋教习。至于学生来源:一是从广州、香港招来的精通英文者,二是船政学堂已有一定的"数学知识者"。

津沽电线架设之初的1880年,李鸿章即于当年10月派官员在天津设立电报学堂,聘丹麦大北电报公司洋人来华"教习电学打报工作"。李鸿章认为,自己设学堂培养电报人才,可以做到"自行经理,庶几权自我操,持久不敝"。可见,设电报学堂其实是为了把电报业的利权掌握在自己的手中。

事实上,天津电报学堂所起的巨大作用在中国电报事业发展中无法抹杀。随着津沪、沪汉、沪浙闽粤等电线的架设,对电报人才的需求极为迫切,一时"皆由天津学堂随时拨往"。学生的供不应求进一步促进了学堂的发展,一年后,天津电报学堂即"招谙习英文学生四五十名一体教习"。但仍不能满足社会上的需要。

为此,左宗棠于1882年在南京设同文电学馆。此学馆采取淘汰制,放宽对所招学习电报的幼童的人数限制,注重在学习的过程对其资质进行考察,做到"聪颖者留,鲁钝者去"。这在一定程度上对学生的整体素质及专业技能有所提高和促进。

1883年,电报在全国范围内推广开来,电报专业的人士成为各地急需的人才。为了满足需要,在上海成立起一座较大的电报学堂。没用多长时间,上海便成为清朝训练电报人才的中心。正像李鸿章所说的那样,"因推广各省电线,在上海添设电报学堂教习学生",以分拨各地。

在洋务运动中所成立的所有实业学堂中,最名副其实的应属实学馆,而实学馆中当推广东为先。这是由两广总督刘坤一所倡导的。刘坤一对广东同文馆只学习外语,而不务实业之学很是不满,且"专用旗人子弟,一味训课时文,虽仍聘一英员教习,略存其名","毫无实际"。他认为,根据当时的形势,务实的"西学馆之设,诚为急务"。于是在1876年时"以银八万元购买黄埔船澳为将来扩充机器局及开设西学馆地步"。这种西学馆的特点,"自不在外洋语言文字之末,以力求实际为是"。为办好这种务实的西学馆,刘坤一捐银15万两。

虽然广州西学馆是在刘坤一的提倡下建立起来的,但使它真正成立起来的是后来担任两广总督的张树声。在他的眼里,只有学习西方科学技术知识,才能有所创造。刘坤一所捐的15万两银子,正给了张树声以启动资金,购买外国船坞,"可为考证学业之资"。一年之后工程结束开馆,取名"实学馆"。学习的科目主要是制造。当时在籍丁忧的翰林院编修廖廷相被招聘为总办馆务。

1883年,督办宁古塔等处事宜的吴大澂奏请在吉林创办表正书院,"数理精深,又能循循善诱"的江苏候补知县丁乃文接受掌管教习事宜的委任，分教习则为候选从九品廖嘉缓。该书院的校址在吉林机器制造局东部，建造房屋26间，隶属于总办机器局的江苏候补同知朱春鳌负责监督建造。其学生来源，是"吉林府教授衙门送满汉生童30余名住院肄业，专令学习算法"；"该生童等有志向学，渐入门径，颇有可造之材，将来日进有功，与机器制造测量诸法，触类可通"。吴大澂在奏则中指出，学生的学习颇有成效。由此便可知道，表正书院的兴办与军用的制造局有着密不可分的关系。

应洋务事业需要，台湾巡抚刘铭传在台湾成立台湾西学堂。

之所以台湾要拥有自己的"西学堂"，首先是"台湾为海疆冲要之区，通商筹防，动关交涉"，然而台湾地区没有精通外国语的人才，内地的人才也处于紧缺状态中，难以向台湾输入；其次是"台地现办机器、制造、煤矿、铁路"等工业企业，对此类科技人才有着迫切的需求。

1893年10月，张之洞在武昌建立湖北自强学堂，分为方言、算学、格致、商务四斋，也就是四门专业，每个月均会以考试的形式对学生的学习成绩予以考核。

在四门专业中，张之洞将重点放在了方言，也就是外语上。在方言斋就读的学生必须在学堂居住，直到毕业为止。其余的三斋学生可以自行选择是不是住校。对此，张之洞认为："自强之道，贵乎周知情伪，取人所长，若非精晓洋文，即不能自读西书，必无从会通博采。"不过随着局势的发展，学堂开始对重视技艺的掌握，并在1896年，把原铁政局内的化学堂并入到湖北自强学堂，成为单独的一门专业。

与其他实物学堂不同的是，张之洞的湖北自强学堂对国外有关工农商等方面的技艺书籍分外关注，并大量引入翻译此类著作。张之洞认为，随着事物的不断发展，现在的形势与以往已经大不一样，因此，在对交涉公法和武备制造等书进行翻译时，也要对其他领域的书籍有所涉猎。张之洞称，"方今商务日兴，铁路将开，则商务律、铁路律等类，亦宜逐渐译出，以资参考，其他专门之学，如种植、畜牧等利用厚生之书,以及西国治国养民之术,由贫而富,由弱而强之陈迹"等各方面的书,都应该进行笔译并且广泛刊发及流传,"为未通洋文者收集思广益之效"。

倡导实务,向西方学习,实质上是要推动中国的近代化进程。然而,在腐朽没落的封建政治制度环境下,任何努力都只是治标不治本。

第六章
大清帝国最后的岁月

一团散沙,义和团神话的破灭

光绪二十六年(1900年)6月20日清晨,混乱不堪的北京城内已是一片狼藉。这个时候,义和团几乎已经控制了北京城的绝大多数地方,不过时间还早,烧杀抢掠了一天的义和团员很多还在昏睡之中。街上早就没有行人了,两旁街道上的商铺只剩下经过打砸抢后残破的门窗,还有扯碎的旗幡,在夏日的微风中孤零零地摆动着。只有一队队全副武装的清军还在街上巡逻,搜捕可能出现的洋人。

驻扎在煤渣胡同的神机营霆字队枪八队,从胡同口转出来向东单牌楼的方向走去,开始例行的每日巡逻。管队章京恩海走在队伍的前面,右手搭在别在腰间的枪把上面,正在漫不经心地左右观瞧,看大街两边的胡同里是不是有形迹可疑、神色仓皇的人。

恩海所属的神机营是清廷禁军的组成部分,由端郡王载漪统帅。端王爷平生最痛恨的是洋人,刚刚带上队伍,就召集所有士官训话,给他们讲扶清灭洋的道理,最后告诉他们,见洋人就杀,杀得多了,就有资格得到赏赐和提拔。端王还特别指出,重点打击对象是德国公使克林德。

克林德出生在波茨坦，曾经是一名德国军人。1881年，他辞去军职，改做外交官，不久被派往中国。他先在广州和天津当了几年领事，又到美国和墨西哥待了几年。于1899年返回中国，担任德国驻华公使。

德国人素以严谨高傲著称，克林德是军人出身，自然这种习性又加强了几分。他对清政府相当轻视，对义和团更是深恶痛绝。早在义和团在山东刚刚兴起的时候，克林德就极力要求清政府严厉镇压。义和团进入北京城后，克林德又毫不留情地下令德国使馆卫队开始了所谓的"猎取团民行动"，并要求其他使馆配合行动。他首先逮捕了一名进入使馆区的义和团民，接着又下令使馆卫队用机枪扫射聚集在使馆区外的团民。

然而，奥匈帝国使馆卫队的机枪不知为何，打出几百发子弹，却没有打死人。气急败坏的克林德展开了进一步的行动。6月14日，当义和团再一次经过使馆区时，克林德毫不留情地下令使馆卫队向义和团民开枪，当场打死20人。

克林德的行为无疑激化了义和团与洋人之间的矛盾，以致义和团将克林德看作元凶首恶。克林德却不以为意，他仍旧坚持对清政府实行高压政策。6月17日，慈禧太后被端王载漪的假照会所骗，决心对洋人开战。两天以后便照会所有使馆区人员，要求其在24小时之内撤离北京。各国公使一听自然大为不满：在现在的这种混乱情况下，撤离北京不啻为自投罗网。于是各国公使联名向总理衙门写信，述说了如上的理由，要求延缓离京的最后期限，并要求在次日九点之前给予答复。

按理说，回函递出去，等着回复就可以了，可是克林德非常不满意。各国公使开碰头会的时候，他就一直说对中国太客气。因此，他建议所有国家公使一起去总理衙门谈判。其他国家的公使并没有接纳克林德的意见。他们大多认为这样只会让局势变得更糟，目前应该表现出低调的姿态来。克林德拒绝接受这个决议，并且决定次日自己单独赴总理衙门谈判。

克林德满心希望能够有公使改变主意,和他一同前往。但他的希望落空了。第二天早上他出门的时候,仍然只有孤零零一个人。于是他只好带了翻译柯达士,怒气冲冲地出门了。

克林德和翻译柯达士被正在巡逻的清军士官恩海等人撞见。双方便开火打了起来,克林德身亡。

克林德的死让清廷和西方列强的关系彻底进入了战争状态。第二天,慈禧就颁发了与全世界为敌的"宣战"诏书,同时命令清军协助义和团攻打使馆。各国驻天津领事纷纷向本国告急,要求调集援军。不久,援军从大沽口源源不断地进入租界。

此时,天津的清军和义和团还在忙着攻打租界,他们虽然人数众多,却各自为政,缺乏统一的作战规划,甚至连天津到大沽口的道路也没有切断。这自然不是日渐得到兵员补充的联军的对手。到7月上旬,联军在租界的人数已达到1.7万余人,并且有统一的部署和指挥,而清军和义和团则伤亡甚众。7月13日,联军展开反攻,围攻天津城,清军不敌,退往杨村一带,聂士成在战斗中中炮身亡。第二天,联军占领了天津。

经过短暂的休整,人数达到1.8万余人的外国联军于8月初向北京进发了。在路上他们几乎没有遇到什么有效的抵抗,义和团毫无战斗力,清军也一触即溃。

8月11日,联军占领通州,两天以后兵分三路攻打北京城。此时北京城内还有10万余名清军和义和团团民,但是已全无战意。第二天,英军首先攻入广渠门,其他国家的军队也相继入城。经过3天的巷战,联军彻底控制了北京城。当时还留在城中的5万名义和团团民几乎全军覆没,清军伤亡4000余人,联军方面仅仅死伤400余人。

到此为止,义和团的神话已经被完全戳穿了。慈禧和满朝文武已经束手无策,全然不知该如何是好。慈禧愤怒不已,迁怒于端王等人,但终究已经酿成大祸。不得已,只好再次逃跑。8月16日,就在联军即将攻入皇城前的一刻，慈禧带着光绪和内宫女眷，连同一帮文武大臣，踏上了西去的道路。

八国联军夺北京

　　光绪二十六年（1900年）9月，慈禧和光绪一行人"西狩"，来到了山西首府太原驻跸万寿宫。适逢中秋佳节，自以为安全的慈禧居然全然不顾家国离乱之惨，悠闲地吃着月饼赏着月，把尚陷于战火中的北京城忘在了脑后。

　　洋人并不会因为攻陷北京城就停止进攻，对他们来说，真正的战争才刚开始。早在7月，德国以克林德事件为借口，纠结了7000人的远征军赴华作战。在德皇威廉二世发布的诏令中，大肆宣扬所谓的黄祸论，借历史上匈奴大王阿提拉入侵欧洲的故事，将中国人看作阿提拉的后代。他说道："你们知道，你们面对一个狡猾的、勇敢的、武备良好的和残忍的敌人。假如你们遇到他，记住：不要同情他，不要接收战俘。你们要勇敢地作战，让中国人在一千年后还不敢窥视德国人。"经过两个多月的旅途，德军于9月到达已经陷落的北京。在威廉二世的坚持下，德军统帅、陆军元帅阿尔弗雷德·冯·瓦德西被任命为联军总司令，负责协调联军行动。

　　八国联军侵华期间，大肆烧杀抢掠，犯下累累罪行，特别是德军、俄军、法军，更是如此。

　　联军穷追猛打，而清军却且战且退。到12月底，清军已经全面退守山西境内，而联军则兵分两路，尾随不舍。到第二年3月，法军已经侵占了山西的门户——娘子关。

　　俄国人也不甘示弱，趁着清政府忙于同联军作战，无暇他顾，俄国人除了派兵参与联军之外，还单独派兵17万人，侵占了库页岛及乌苏里江以东黑龙江以北的大片领土。

　　面对着八国联军步步紧逼的形势，慈禧已经毫无抵抗之心，她担心联军会将自己视作义和团运动的罪魁祸首，像直隶官员一样处死。

因此她脑海中只剩下了继续跑路的想法。10月，觉得太原已经不再安全的慈禧又将临时行宫迁到了西安。

此时的光绪虽然是跟着慈禧一路向西逃窜，但内心愤懑难当，一点儿也不想跑。他之前就不主张招安义和团，而应该同洋人和议，但慈禧无视他的意见，还杀掉了数名主和派的大臣。据清人笔记记载，洋人进城之时，慈禧慌张逃窜，光绪却冷静异常，对慈禧说道："亲爸爸，儿臣以为可以不必逃走。想那洋人本为友邦，对我大清并无恶意，此次出兵，乃是剿灭拳匪，不会对我有碍。儿臣请求亲自去东交民巷，与各国公使面谈，必定安然无恙。"慈禧听了这话，只当光绪胡言乱语，并不理睬。光绪无奈，只好自己回到养心殿，盛装朝服，想要独自去使馆谈判。侍奉太监见光绪如此，大惊失色，连忙报告慈禧。慈禧勃然大怒，亲临养心殿，一把扯去光绪的朝服，逼着他换上粗布衣服，不许轻举妄动，随即便拉着他逃出宫去。

光绪并没死心，当慈禧一行人遇到前来护驾的岑春煊时，光绪再次提出了议和的要求。他要求岑春煊护送慈禧"西狩"，自己要返回北京，亲自与洋人议和。岑春煊不笨，知道慈禧断然不会让光绪离开她的身边，于是百般推脱，终于未能成行。

到太原之后，光绪第三次提出了返回北京议和的要求，但仍未获批准。当慈禧决定继续西行至西安后，光绪再也忍耐不住了。在潼关，他愤愤不平地公开表态："朕能走，洋人就不能走吗？这么走下去什么时候是个头啊！就算去了四川，又能怎么样？太后老了，可以去西安躲躲。朕要回北京了，否则战事不了，终究还是要倒霉！"

慈禧和诸大臣面面相觑，无言可对。然而第二天，慈禧仍然带着光绪继续西行。

慈禧深知：和谈并不是不可以，可是看要由谁来谈。早在洋人刚刚入城的时候，没有离开北京的大学士昆冈等人就找到担任海关总税务司的英国人赫德，让他"设法斡旋，以救眉急"，赫德建议由庆亲王奕劻出面，与各国"商议和局大事"。昆冈随即将这个建议传给了还在流亡途中的慈禧。慈禧得信后,立刻下令已经到达宣化的奕劻立刻返回北京主持和谈。10月初,奕劻回到北京,在英军和日军的护送下见到了各国公使。根据奕劻给朝廷的奏折,奕劻不可谓不卖力,他"往拜俄、英、美、法、意、比、日本各公使,备述此次拳教相仇,致使各国动兵,并婉谢各国洋兵保护宗社臣民盛意",十足的奴颜婢膝;可是战争进行得意犹未尽的各国公使根本懒得搭理他,纷纷跟他打官腔道:"尚未奉到本国国家训条,无从议办",只是要求清政府赶紧转变对义和团的态度,"自行实力剿办,勿再贻误"。

收到这一消息,慈禧立刻下发谕旨,宣称"此案初起,义和团实为肇祸之由。今欲拔本塞源,非痛加铲除不可。严行查办,务尽根诛"。并且督促奕劻加紧议和,"事宜从速,夜长则梦多,不可一误再误"。

不久,各国公使礼节性地回访了奕劻,对议和之事仍然绝口不提,只是提出几条要求:首先要求慈禧与光绪下罪己诏;其次清除朝廷内部的顽固派势力;再次要求战争赔款,否则八国联军不会撤军;最后,北京的防务暂时由联军管理,清政府无权参与。俄国公使格尔思更要求清军在东北立刻停战,否则俄军将继续作战。奕劻对这些要求哪敢不听,连忙一一照办。尽管如此,各国公使仍然迟迟不与奕劻谈判。奕劻也明白,他虽然位高权重,但以他的资历和地位还不足以让各国公使坐在谈判桌上。因此他再次向清廷上折,要求速调时任两广总督的李鸿章进京主持谈判。在经过几次三番的讨价还价后。9月底,清廷终于发下谕旨,委任李鸿章为全权大臣,"著准其便宜行事,将应办事宜,迅速办理,朕不为遥制"。

在李鸿章的极力斡旋下,1901年,丧权辱国的《辛丑条约》签订了。这一条约的签订标志着中国半殖民地半封建社会的彻底确立,清政府彻底堕落为西方帝国主义的帮凶。

第七章

封建挽歌，新世界崛起

一语成谶，大势已去

光绪三十四年（1908年）十一月初九，天气冷得出奇。紫禁城太和殿内钟鼓齐鸣，一派雍雍穆穆的景象。年仅3岁的小皇帝溥仪的登基大典正在举行。然而，这次登基大典举行得前所未有地荒唐。拥立了新皇上的文武群臣不但没有露出开心的神色，反而一个个忧心忡忡。慈禧和光绪的同时驾崩，还没有让这些大臣们从震惊中清醒过来。登基大典上闹出的乌龙，让这些国家柱石们的心头蒙上了一层阴影。

由于溥仪刚刚入宫，他是怀着恐惧的心情面对这一切的。天气的寒冷也让这个小皇帝早就受不了。他一个人孤零零地坐在须弥宝座上，听着震耳欲聋的皇家音乐，看着一群陌生人在自己的脚下手舞足蹈、三跪九叩，终于再也无法忍受这个场面。

正当登基大典举行得热闹的时候，溥仪突然开始哇哇大哭，边哭边喊："我不爱这儿，我要回家！我不爱这儿，我要回家！"说着就要从宝座上跳下来。

溥仪的父亲，议政王醇亲王载沣此时正单膝侧身跪在宝座之下，扶着小皇帝。见溥仪如此折腾，也不敢动弹，只好死死地压着溥仪。动弹不得的溥仪不断地挣扎，哭喊声越来越响，"我要回家"的声音伴随着盛大的钟鼓声在太和殿内回荡。急得满头是汗的载沣只好连连安慰道："别哭，别哭，快完了，快完了！"

对于历来迷信的清廷官员而言，这些话实在是不祥之兆。他们交头接耳，窃窃私语："怎么可以说'快完了'呢？""说'要回家'可是什么意思呵？"

溥仪就这样登上皇位，成为大清王朝的最后一任皇帝。

由于光绪无子，挑选大清帝国的下一任皇帝的重担便又落在了慈禧的肩头。慈禧虽然深知自己已经不能再像从前一样垂帘听政，但她仍然要挑选一位和自己沾亲带故、关系甚近的皇族接替皇位。根据光绪入宫的前例，自然是还要从奕譞这一支中选择。

此时奕譞早已去世，接替醇亲王爵的是其第五子载沣。慈禧为了笼络载沣，又使出了她熟悉的策略，将宠臣荣禄的女儿认作养女，并指婚给载沣。本来载沣当时已经定亲，但慈禧坚持如此，载沣只得听从。这样，载沣又成了慈禧的干女婿。载沣和这位大小姐生了两个儿子，溥仪和溥杰。慈禧立储的时候，就挑中了年纪稍微大一点儿的溥仪。

不过，有了前车之鉴的醇亲王府并不愿意把溥仪交出去——溥仪的亲叔叔，现在的光绪帝载湉当初也是这么被送进宫去，在宫里活活地被折腾了30多年，此时马上就要撒手人寰。都说当皇帝享不尽的荣华富贵，可只有这些天潢贵胄才知道其中的辛酸。

奕譞尚在人世的妻子、载沣的母亲一听说自己视若掌上明珠的大孙子又要被抱进皇宫去，当时就两眼一黑昏了过去。醒来以后死死地抱着溥仪不松手，而溥仪则又哭又叫又喊又闹——整个醇王府一片混乱。所有的人都在盯着年轻的摄政王载沣，载沣也一句话也说不出来，只是无可奈何地苦笑。

溥仪即位之后，由于年纪太小，载沣掌握了大清朝实际的权力。对于这个两代为帝的家庭来说，所谓树大招风，因此不得不韬光养晦，低调做人。奕譞在光绪即位以后，便辞去了全部职务，希望以此远离政治斗争。然而，光绪长大以后与慈禧的对立还是让奕譞的处境极为尴尬。一方面，他与荣禄等人甚为友善，最后还结为亲家；另一方面他和支持光绪的翁同龢等人关系也很不错。为了不让慈禧对他有任何意见，他甚至放弃了所有原则，在督办北洋海军的建设时，挪用经费给慈禧修造颐和园。载沣亦是小心翼翼，明哲保身。朝中大事，几乎都由庆亲王奕劻和其他军机大臣做主，他则摆出一副与世无争的架势。

载沣虽然低调如此，有一件事情他却始终耿耿于怀。他始终认为，如果不是袁世凯关键时刻倒戈，百日维新就不会失败，而光绪也就不会受到慈禧的百般凌辱，最终郁郁而终。因此，他处心积虑要为哥哥光绪报仇。

然而，载沣要想除去实力已经异常强大的袁世凯，几乎是不可能完成的任务。他只能团结一帮年轻气盛却没有任何政治斗争经验的少壮派满族亲贵来筹划此事，然而这一举动却遭到了庆亲王奕劻和张之洞的坚决反对。

据说，当载沣和几位军机大臣碰头，把自己的计划和盘托出时，所有的军机大臣都吓了一跳。庆亲王更是连说不妥。他认为，袁世凯虽然现在已经被夺了军权，但北洋新军都是他的手下，段祺瑞、冯国璋、王士珍等人都是他一手提拔起来的。如果这些人造反，带兵进京，谁挡得住？

最后，万般无奈的载沣只好同几位军机大臣达成妥协，以袁世凯患"足疾"为由，将其免职，令回原籍。载沣自以为从此可以安然无恙，然而过了不久，革命的风暴席卷全国，已经对清廷彻底失望的袁世凯卷土重来，趁势夺取了政权。

大清朝的政局，愈加动荡了。

清政府在推行新政时，定下了预备立宪的计划，由于慈禧的去世，继续推行这一计划的权力交到了载沣的手里。由于这也是光绪遗诏中所关心的事情，载沣并不敢怠慢。宣统元年（1909年），清廷如期举行了各省咨议局的选举；第二年，资政院也告开院。正当全国人民翘首以盼第一任内阁的建立的时候，载沣却做出了一个愚蠢的决定。

宣统三年（1911年），载沣任命了第一届内阁。这一届内阁有13名成员，居然有9人是满族人，而这9人中又有7人是宗室子弟。

内阁总理大臣就是军机大臣庆亲王奕劻。除此之外，清廷还宣布，由于内阁制度为首创，为了慎重起见，本届内阁仅根据内阁办事暂行章程成立，具体国务处理还依照原来的政治模式进行。另外，军事方面的问题也不由内阁总理大臣负责，而是由军咨府大臣载涛负责。

由于这届内阁徒有其表，它被立宪党人和革命党人异口同声地讽刺为"皇族内阁"。载沣的决策失误，也让社会舆论大失所望，认为清廷根本无意立宪，既然和平手段无法解决，就以武力夺取之。很多立宪党人从此倒向革命派，革命的暴风迅速席卷了大江南北。

大清掘墓人

早在光绪二十一年（1895年）、康有为等人即将在北京发起"公车上书"之时，在香港的一间洋楼上，十几个年轻人也聚在一起成立了一个叫兴中会的组织。和康有为一心要辅佐光绪、实现君主立宪制不同，这个兴中会在创办伊始，就打出了"驱除鞑虏，恢复中华，创立合众政府"的口号。不久，兴中会决定发动一次起义，打算进攻广州，并以此作为继续革命的根据地。可惜由于事机不密，清政府发现并镇压了兴中会，大多数兴中会成员不幸罹难，只有兴中会的秘书幸免于难。为了躲避清政府的通缉，他剪掉辫子，穿起西服，以"中山樵"的名字流亡到了日本。他就是孙中山。

孙中山原名孙文，于同治五年（1866年）出生于广东香山县翠亨村一个普通的农民之家。孙文5岁时，大哥孙眉背井离乡去夏威夷"淘金"，后来因经营牧场成为商人，孙家的家境因此好转，而孙中山日后的活动经费也大多来自兄长的支持。

孙中山9岁进入私塾，接受了3年私塾教育。光绪四年（1878年），12岁的孙中山来到夏威夷，进入当地的意奥兰尼书院学习，孙中山学习成绩优异，熟练掌握了英语，并萌发了对基督教的兴趣。光绪九年（1883年），孙中山进入美国公理会教会学校奥阿厚书院继续就学，由于孙眉担心他沉迷于基督教，故而将其送回家乡。然而，此时的孙中山已完全成为一个"英年洋派"的人物，他回乡之后不仅捣毁神像，还擅自到香港接受了基督教洗礼，并在香港继续读书。

光绪十二年（1886年），孙中山进入广州博济医院附设医学堂学医，次年转入香港西医书院。孙中山在此学习了5年，香港的市容市貌给他留下了深刻的印象，因此他暗暗下定决心，要在中国推广资本主义制度。光绪十八年（1892年），孙中山以第一名的成绩毕业，之后来往于澳门广州等地行医。年轻的孙中山爱好畅谈国事，热衷发动革命，推翻清政府统治，时人闻听皆仓皇失色，躲避不及，只有尤列、陈少白、杨衢云等人赞同之，故此四人被称为"四大寇"。

光绪二十年（1894年），孙中山北上天津，向时任北洋大臣的李鸿章上了一封万言书，书中要求变法改革，提出"人能尽其才，地能尽其利，物能尽其用，货能畅其流"的主张，并要求与李鸿章面谈。可惜正在操心中日冲突的李鸿章根本无暇顾及这个28岁的小伙子，拒绝了他的要求。失望的孙中山从此转而走向武装革命推翻清政府的道路。

然而，孙中山等人组织的第一次革命就失败了，他的好友陆皓东等人死在了清政府的刀下，他也成为了清廷通缉的政治犯。孙中山并不气馁，他在日本结识了大量政界要人，并希望借助他们的力量来推翻清廷统治。

光绪二十六年（1900年），八国联军入侵中国，孙中山希望能够再次与时任两广总督的李鸿章见面，说服他趁机自立为总统，脱离清朝统治，后来却发现这只是清政府为了捉拿他而设下的陷阱。愤怒的孙中山转往台湾，希望在日本的支持下在惠州发动起义，因日方改变主意，起义再次失败。

这之后，孙中山远渡重洋到达美国，希望可以得到海外华侨华人的支持，然而由于康有为的保皇立宪思想早已传播至此，孙中山在美国吃了不少苦头。不久他又转向欧洲传播革命思想。1904年，孙中山回到日本，并结识了黄兴。经过交谈，他们决定联合彼此的组织，成立一个正式的革命团体。

光绪三十一年（1905年），在日本人内田良平的协调下，孙中山、黄兴、宋教仁、蔡元培、章炳麟、吴敬桓、张继等人在日本成立中国同盟会，将之前的兴中会、华兴会、爱国学社、青年会等组织合并，由孙中山出任总理。同盟会确立了"驱除鞑虏，恢复中华，建立民国，平均地权"的革命政纲，并发行《民报》作为机关刊物。同盟会首次提出了"三民主义"学说，并以此为武器，与康有为、梁启超等保皇立宪党人展开了激烈的论战。同盟会的建立，标志着中国资产阶级民主革命进入了一个新的阶段。

同盟会建立以后，在孙中山黄兴等人的组织下，先后进行了一系列反对清廷统治的起义。

1907年4月，同盟会员、新加坡华侨许雪秋在孙中山的支持下，组织当地会党的力量发动黄冈起义，占领了潮州饶平县黄冈城。然而，在潮州总兵黄金福的镇压下，会党一战即溃，许雪秋等人只好停止了进一步行动的计划，流亡香港，黄冈起义宣告失败。

同样是新加坡华侨的同盟会员邓子瑜随即在惠州七女湖一带召集三合会的力量起义，这支队伍一度击败了清军，占领数个村庄，并与清军的巡防营交战数日，但由于黄冈起义的失败，这支队伍也自行解散了。

这两次起义失败后不久，孙中山又在钦州、廉州一带发动了一次起义，这次起义依赖的是当地会党首领王和顺的力量。7月下旬，王和顺攻占防城县，然而在与当地清军接触的过程中，王和顺把希望寄托在说服清军"反正"上，结果计划失败，心灰意冷的王和顺也解散了队伍只身逃至越南，钦州廉州起义再次失败。

不久，孙中山又转移到镇南关一带活动。他通过曾经参加过清军的黄明堂、关仁甫等人收买了一些镇守镇南关的清军。12月2日，革命军夜袭镇南关，一举攻下镇南、镇中、镇北三座炮台，孙中山、黄兴等人立刻亲赴前线指挥。然而，由于缺乏军火，革命军不得不停止继续进攻,坚守关隘,孙中山等人返回越南河内筹集军火。当孙中山返回河内的时候,他们听到了广西提督龙济光攻陷镇南关的消息。

不久,由于清廷的压力,孙中山不得不离开河内,临行前他仍然布置了两次起义的计划。1908年,黄兴重新召集会党成员和越南华侨,重新攻打钦州,这一次他们再次遇到了驻守在此地的清军。黄兴再一次相信了对方"反正"的话,结果被对方以优势兵力包围,黄兴率兵坚持40余天最终以不敌为败。

仅一个月后,在镇南关起义中失败的黄明堂等人偷袭云南河口,并趁势向蒙自和个旧进攻,但被云南总督锡良击退并回归越南境内。

经过这一系列的起义失败,孙中山和同盟会元气大伤,直到1910年才重新发动起义。这一次,主要依靠黄兴等人在广州发动新军中的革命分子。然而,由于事机不密,同盟会成员、炮兵军官倪映典仓促率1000余人起义,结果不敌,倪映典中弹后被捕杀害。

1911年,孙中山、黄兴等人再次决定在广州发动起义,这一次他们花了大力气进行了周密的部署,计划派遣800名"选锋"先期进入广州占领要害部门,接着打开城门,引进起义的新军。然而,这一计划并未得到很好的执行,由于清廷再次察觉了革命党人的起义计划,最终起义仓促发动,仅有160余人参与进攻,最终全军覆没。事后,有人将牺牲者的尸体合葬在黄花岗,共72具,这就是著名的广州黄花岗七十二烈士。

到此为止,孙中山奋斗10余年,所经手的大小起义已有10次之多,然而仍旧未能推翻清廷的统治。

惨淡谢幕

从光绪末年开始,革命党人不断地起义,又不断地被清政府镇压。1911年4月,黄花岗起义失败以后,同盟会内部甚至发生了分歧,消极悲观的情绪弥漫在每一个同盟会员的心头。正如黄兴所言:"此番以党之全力举事,中外周知,而事机坐误,不能有成。粤省一失,各处都不能发。"

1911年10月10日夜，刚过中秋节，凉风习习，月明星稀。然而，驻守武昌的陆军第八镇的驻地上紧张不已，如临大敌。近日发现城内有乱党活动的踪迹，并且有可能已经渗透军营里，因此上级要求各级军官要提高警惕，密切注意有异常举动的士兵。

工程第八营后队二排哨长陶启胜正在查夜，走进营房看他手下的兵都规规矩矩，放心了些。他刚想回自己的住处，却看到班长金兆龙抱着枪在东张西望。别的士兵见陶启胜过来都忙不迭站起来敬礼，只有这个金兆龙不理不睬。

陶启胜怒极，走过去踢了金兆龙一脚，厉声骂道："想造反哪！"他本以为金兆龙会乖乖地站起来认错。谁知道金兆龙一个鲤鱼打挺跳起来，嚷嚷起来："老子今天就是反了。"说完劈面一拳，和陶启胜扭打在一起。

两人打得热闹，周围的士兵面面相觑，不知道如何是好。突然，"砰"的一声，一声清脆的枪响，陶启胜应声栽倒，鲜血从他的背部缓缓流出来。所有人都惊呆了，扭头一看，是金兆龙班的士兵程正瀛端着枪，开火时的一缕青烟还没散尽。

正当大家不知所措的时候，一阵杂乱的脚步声由远及近传来，还有人高声喝道："是哪个人开枪？赶紧出来。"说完，几个身影出现在营房门口。众士兵还没看清楚是谁，只听得又是几声枪响，几个人七扭八歪地倒了下去，依然是程正瀛开的枪。

士兵们好容易才从惊恐中回过神来，去看那几具倒在地上的尸体，原来是前队队官黄坤荣、司务长张文涛、八营代理管带阮荣发等人。顿时"哗"的一下，八营大乱，不少士兵像没头的苍蝇一样到处乱窜。

忽然"嘟嘟"的哨声响起，众士兵惊疑不定，向哨声处望去，却见是另一个班长熊秉坤鸣哨。见众人望向他，熊秉坤跳上一个弹药箱，厉声大叫"反了"，说完拿出一条白毛巾，缠在头上，举枪振臂一呼，向外冲去。众士兵愣了一下，纷纷拿起手中的枪，一窝蜂地随着熊秉坤向楚望台的军械库涌去。

改变了中国历史进程的武昌起义就这样爆发了。

1911年，清廷颁布了"铁路国有"法案，宣布将此前商办的所有铁道收归国有。这激起了民众的不满，正在修建中的渝汉铁路的各股东更是愤怒不已。四川很快成立了保路同志会，并掀起了骚乱。清廷为了镇压保路风潮，派遣原本驻扎在武昌的渝汉铁路督办、钦差大臣端方率兵入川。这样一来，湖北的清军力量顿时削弱。

两湖地区的革命团体文学社和共进会见此良机，便准备在武昌和长沙联合举行起义。在同盟会的协调下，两个团体的代表在武昌召开会议，初步定于10月6日于武昌和长沙同时起义。

然而，计划赶不上变化。就在会议召开的当天，新军八镇炮标三营的几个退伍士兵饮酒行令，与执勤的排长发生了争执，事情越闹越大，士兵发生了哗变，直到马队前来镇压方才平息。

因为这一事件，湖广总督瑞澂担心革命党人趁机作乱，因此宣布八月十五（即10月6日）不放假，并且全城戒严，新军官兵一律不得外出，并禁止携带弹药。在这种情况下，革命党人的起义计划自然不能实行，另外，由于湖南方面也没有准备充分，因此又延期10天，重新定于10月16日发动起义。

10月9日，共进会领导人在汉口俄租界秘密制造炸弹时不慎引起爆炸，闻声而至的俄国巡捕拘捕多名革命党人，并搜出革命党人花名册与起义文告。俄国方面当即通知了瑞澂。如临大敌的瑞澂立刻下令全城戒严搜捕革命党人。受此打击，文学社领导人当即决定提前发动起义，但由于计划临时更改，起义各方无法联络。只好再次宣告推后进行。与此同时，瑞澂在城内指挥军警大肆捕杀参与起义的新军官兵。到10月10日，起义的领导人已有多名牺牲，眼看起义又要遭受失败。

这时，新军士兵们决心自行发动起义。10月10日晚，武昌北门外，第21混成协炮11营辎重队士兵李鹏升首先点燃了草料库，举火为号，同情革命的新军士兵们纷纷响应，各自向楚望台军械库进发。随后就发生了金兆龙等人起义的一幕。

经过一夜的激战，起义的新军士兵占领了武昌城。汉口、汉阳随即闻风而动，发动起义。10月12日，武汉三镇全部为起义军所掌握。起义士兵迅速成立了中华民国军政府鄂军都督府，改国号为中华民国，一个新的政权成立了。

惊慌不已的清政府连忙调集北洋陆军前往镇压。这时候，听说革命成功喜讯的黄兴等人连忙赶到武昌。双方在汉口和汉阳展开了激烈的争夺，战斗持续了41天，史称"阳夏保卫战"。虽然最终汉口和汉阳重新被清军夺回，但在这41天中，湖南、广东等15个省份纷纷通电起义，宣布拥护共和。在清政府所谓的关内18个省份中，只有甘肃、河南、直隶、山东四省效忠清朝。

这时候，束手无策的载沣想到了袁世凯。不得已，他只好请袁世凯回来主持大局。1911年11月1日，"皇族内阁"解散，袁世凯任内阁总理大臣。

袁世凯一方面命令北洋新军保持对革命军的压力，另一方面又联络英国公使朱尔典从中斡旋议和之事。在袁世凯的计谋之下，同盟会最终与袁世凯派出的议和代表达成了共识。双方答应由袁世凯劝说清帝退位，而以支持袁世凯担任中华民国大总统为交换条件。

此时的摄政王载沣，隆裕皇太后已经完全做不了主。虽然对袁世凯出尔反尔的行为切齿痛恨，但也无可奈何。1912年2月12日，隆裕皇太后宣布接受南京参议院通过的《清室优待条件》，并发布《逊位诏书》，在诏书中宣布宣统退位，并委托袁世凯组织临时政府。隆裕与宣统则"帝得以退处宽闲，优游岁月，长受国民之优礼，亲见郅治之告成"。

从这一刻起，大清帝国走到了历史的尽头。